M&A와
투자유치 전문가를 위한

M&A 사용설명서

M & A 와 투 자 유 치 에 서 가 장 핵 심 적 인 내 용 만 담 았 다

WMD.

M&A와 투자유치 전문가를 위한
M&A사용설명서

prologue

M&A와 투자유치를 도와주는 사람들

M&A는 기업과 관련된 종합예술이라고 말하곤 한다. 왜 종합예술인가. 기업의 지배구조가 바뀔 뿐만 아니라 주인이 바뀌면서 영업활동의 형태나 조직문화도 완전히 바뀔 수 있기 때문에 모든 경영기법이 사용되어 종합예술이라고 하는 것 같다. 게다가, 기업과 관련된 법률, 세무, 심지어 각종 금융기법이 사용되기도 한다. 그렇기 때문에 그야말로 다양한 전문가가 투입 될 수 밖에 없다.

변호사님, 회계사님, 제 기업 좀 팔아주세요. 투자 좀 받아주세요. 중소기업의 요청사항이다. 그런데, 그 기업을 매각하려면 업종부터 기업의 특성, 오너의 마인드부터 거래처와 밸류체인까지 모두 이해를 하고 인수인을 설득해야 한다. 쉽지 않은 작업이다.

통상적으로 M&A는 매수인과 매도인 모두의 입장에서 빈번하게 발생하는 이슈가 아니다. M&A를 검토한다고 하더라도 거래가 성사되는 것은 극소수에 불과하다. 경영권을 매각하는 것 자체에 거래가격 뿐만 아니라 다양한 이해관계에 대한 정리가 필요하기 때문이다.

M&A 자문을 하면서 매도인과 매수인의 입장에서 거래를 바라보는 관점이 어떠한지, 어떤 것들에 주의해야 하는지를 설명하며 프로젝트를 진행해 왔다. M&A 협상과 실사, 밸류에이션, 계약서 작성과 클로징, PMI(Post Merger Integration)까지 가이드를 주는 책이 있으면 좋겠다는 생각을 했다. 다양한 실무서적을 참고하더라도 너무나도 방대한 내용 때문에 빠르게 전반적인 절차와 주의사항에 대한 이해를 하기는 매우 어려워 보였다.

M&A(인수합병)는 기업의 성장 전략 중 가장 복잡하고 도전적인 과제 중 하나다. 그만큼 M&A의 성공은 기업의 운명을 결정짓는 중요한 분기점이 될 수 있으며, 특히 중소기업에서는 그 의미가 더욱 크다. 하지만 많은 기업이 M&A에 대해 막연한 기대와 두려움 속에서 그 과정을 진행하다가 예기치 않은 난관에 부딪히곤 한다.

이 책은 그러한 어려움을 덜어주기 위해 준비되었다. M&A 실무자와 기업 오너들의 관점에서 실질적으로 도움이 될 수 있는 내용을 담는 것이 이 책의 가장 큰 목적이다. 이론적인 지식뿐만 아니라 실제 현장에서 접할 수 있는 사례와 실무적인 조언을 통해, M&A를 준비하는 경영자들이 전략적 결정을 내리는 데 도움을 주고자 한다.

오랜 기간 M&A 실무에 몸담아 온 저자의 경험과 깊은 통찰을 바탕으로, 이 책은 중소기업의 현실에 맞는 맞춤형 가이드를 제공한다. M&A를 처음 접하는 기업 오너부터 실무를 책임지는 관리자까지, 모두가 M&A

의 각 단계에서 알아야 할 핵심 정보와 유용한 팁을 얻을 수 있을 것이다.

　무엇보다도 이 책은 단순한 성공 사례 소개나 이론적 설명에 그치지 않는다. M&A 과정에서 직면할 수 있는 실질적인 어려움과 복잡한 절차들, 예상치 못한 변수들에 대한 준비와 대처법을 제시함으로써, 독자들이 실제로 M&A를 추진하는 과정에서 유용하게 활용할 수 있도록 기획되었다.

　이 책이 중소기업 경영자들이 M&A 과정에서 신뢰할 수 있는 나침반이 되어, 성공적인 결과로 이어지기를 바란다. M&A는 단순한 선택이 아니라, 기업의 미래를 열어가는 중요한 전략이다. 이 여정에 있어 이 책이 독자들의 든든한 동반자가 되기를 기대한다.

M & A 와
투자유치 전문가를 위한
M & A 사용설명서

목차

PART 01. M&A와 절차에 대한 모든 것 　　　　　　　　014

01 M&A의 첫걸음, 절차에 대해 알아보자 　　　　　　015
　01 M&A의 주요 목적은 무엇일까 　　　　　　　　　016
　02 M&A의 주요 유형 　　　　　　　　　　　　　　017
　03 M&A의 단계별 절차 　　　　　　　　　　　　　019
　04 M&A의 리스크와 도전 과제 　　　　　　　　　　020

참고 | M&A가 실패하는 다양한 이유 　　　　　　　　022
　- 기업 문화의 충돌 　　　　　　　　　　　　　　　022
　- 인수 가격의 과대 평가 　　　　　　　　　　　　　023
　- 재무적 문제 및 부채 부담 　　　　　　　　　　　023
　- 전략이 적합하지 않은 M&A 시도 　　　　　　　　023
　- PMI 실패 　　　　　　　　　　　　　　　　　　024
　- 충분한 실사(Due Diligence)부족 　　　　　　　　024

업그레이드 | M&A를 진행하면서 실사를 하는 이유 　　　026
　01 기업의 재무 상태 검토 　　　　　　　　　　　　026
　02 법률상 리스크 파악 　　　　　　　　　　　　　027
　03 재무 및 세무 리스크 평가 　　　　　　　　　　027
　04 지적 재산권(IP) 및 기술 검토 　　　　　　　　　028
　05 영업 실적 및 고객 기반 분석 　　　　　　　　　028
　06 조직 및 인적 자원 분석 　　　　　　　　　　　029
　07 사업 전망 및 성장 가능성 평가 　　　　　　　　029
　08 환경, 사회적 리스크 평가 　　　　　　　　　　030
　09 PMI(Post-Merger Integration) 준비 　　　　　　030

02 M&A 이후 기업 성공과 실패의 요인들   031
- 01 리더십 및 의사결정 문제   031
- 02 어쩔 수 없는 시장 반응과 외부 요인의 변화   031

03 M&A는 무엇 때문에 시작되는가   033
04 M&A에서 가장 중요한 경영권에 대한 이해   034
05 M&A 대상 기업은 어떻게 선정되는가   039

06 사모펀드의 입장에서 인수대상 기업 선정기준   043
참고 | 매수인 입장에서 인수대상 회사를 고르는 기준은 무엇인가   047

07 인수대상을 물색하는 방법 총정리   053
- 01 자문사 및 네트워크 활용에 대하여   054
- 02 공개 매물 탐색이란   055
- 03 직접 탐색하는 방법   055
- 04 파트너십 및 협력 관계 활용   056

08 M&A의 구체적인 진행단계에 대해서 알아보자   059
- 01 거래의향 확인   059
- 02 비밀유지각서(Non-Disclosure Agreement, NDA) 체결   059
- 03 예비적 제안   060
- 04 텀싯(Term Sheet) 체결   060
- 05 실사   060
- 06 본계약 체결   061
- 07 종결(클로징)   061

09 오너에게 있어서 투자유치와 M&A시 고민할 것들   062
- 01 투자유치 전략은 어떻게 될까?   064
- 02 투자유치를 받을 수 있는 기관은?   064

참고 | M&A 절차에서 각 전문가들의 역할   067
- 공인회계사의 재무적 어드바이스   067
- 법적인 리스크를 제거하는 변호사   068
- 부동산 등을 보유한 법인에 특화된 감정평가사의 조력   071

10 M&A 중개기관을 통하는 것이 합리적인 이유   073

11 M&A로 인한 분쟁이 발생하면 어떻게 대응해야 할까   076
- 01 재무 실사(Due Diligence) 과정에서 발생하는 분쟁   076
- 02 계약 조건 불이행으로 인한 분쟁   077
- 03 비밀 유지 및 경업 금지 의무 위반으로 인한 분쟁   077
- 04 인수 후 통합 과정에서의 경영권 분쟁   078
- 05 인수 후 성과 미달로 인한 분쟁   078

12 적대적 M&A에 대한 경영권 방어   080
- 01 포이즌 필 (Poison Pill)   080
- 02 백기사 (White Knight)   081
- 03 황금 낙하산 (Golden Parachute)   082
- 04 자사주 매입 (Share Buyback)   082
- 05 차등 의결권 주식 (Dual-Class Stock)   083
- 06 그린메일 (Greenmail)   083

13 투자유치에서 빼 놓을 수 없는 벤처캐피탈   085

14 최근 대한민국 벤처캐피탈의 역할은 어떻게 되고 있나   087
- 01 초기 자금 지원 및 성장 촉진   087
- 02 경영 및 네트워킹 지원   088
- 03 글로벌 진출 지원   088
- 04 기술 혁신 및 디지털 전환 촉진   088
- 05 M&A 및 IPO 지원   088

참고 | 우리 나라에서 활동중인 벤처캐피탈   090
참고 | 우리 나라에서 활동중인 사모펀드   095
참고 | 금리가 인하되기 시작하면 M&A 시장에는 어떤 영향이 있을까   100

PART 02. M&A 기업가치평가   104

01 M&A에서 기업가치 평가란   105
- 01 수익 접근법 (Income Approach)   106
- 02 시장 접근법 (Market Approach)   106
- 03 자산 접근법 (Asset Approach)   106

02	기업가치평가에 영향을 미치는 요소	109
03	기업가치평가의 한계와 주의사항	110
04	기업가치평가에서 가장 많이 사용하는 DCF법	111
05	거래사례비교법을 통한 기업가치 평가	117
참고	주요 멀티플의 의미와 공식	120
업그레이드	멀티플의 해석과 활용	121
06	기업가치 평가를 할 때 어떤 평가방법을 사용해야 할까	123
01	성장성이 높은 기업에 적합한 평가방법	123
02	안정성이 높은 기업에 적합한 평가방법	124
03	투자원금 회수기간에 중점을 둔 평가방법	124
04	기업의 내재가치에 중점을 둔 평가방법	124
07	매수자에 따라 기업가치는 다르게 평가된다	125

PART 03. 협상과 계약체결　　128

01	M&A에 있어서 협상과정 총정리	129
01	예비 협상 및 비밀유지 계약(NDA) 체결	129
02	인수의향서(LOI) 작성 및 서명	131
03	실사(Due Diligence)	133
04	최종 협상 및 인수 계약서(SPA) 작성	138
05	종결(Closing)	140
06	인수 후 통합(Post-Merger Integration, PMI)	142
참고	M&A와 관련된 법률 이슈 정리	145
참고	M&A 거래구조에 있어서 검토해야 할 상법 총정리	149
참고	적대적 M&A 방어 관련 상법 규정	152

PART 04. 매도인의 주의사항　　　　　　　　　　　　　　**154**

01　매도인이 M&A 혹은 투자유치 각 단계별로 챙겨야 할 것들　　**155**
01　매각(투자유치) 전략 수립　　　　　　　　　　　　　　155
02　매각(투자유치) 준비　　　　　　　　　　　　　　　　155
03　마케팅(투자자 탐색)　　　　　　　　　　　　　　　　156
04　투자자 접촉 및 협상 시작　　　　　　　　　　　　　　156
05　예비실사　　　　　　　　　　　　　　　　　　　　　156
06　MOU 체결　　　　　　　　　　　　　　　　　　　　156
07　본실사　　　　　　　　　　　　　　　　　　　　　　157
08　거래가격 등 조건 협상　　　　　　　　　　　　　　　157
09　승인　　　　　　　　　　　　　　　　　　　　　　　157
10　본계약 체결　　　　　　　　　　　　　　　　　　　　157
11　종결(클로징)　　　　　　　　　　　　　　　　　　　158

02　진술 및 보증사항 위반과 관련한 매도인의 손해배상의 범위　　**159**
03　매도인의 세금 부담 문제　　　　　　　　　　　　　　　**162**

PART 05. 매수인의 주의사항　　　　　　　　　　　　　　**164**

01　매수인의 주의사항　　　　　　　　　　　　　　　　　**165**
01　목표 설정과 거래 목적의 명확화　　　　　　　　　　　165
02　적합한 대상 기업 선정　　　　　　　　　　　　　　　166
03　가치 평가 및 적정 가격 설정　　　　　　　　　　　　166
04　리스크 관리 전략　　　　　　　　　　　　　　　　　166
05　자금 조달 전략　　　　　　　　　　　　　　　　　　167
06　통합 계획과 시너지 창출　　　　　　　　　　　　　　167
07　규제 당국 및 이해관계자 관리　　　　　　　　　　　　167
08　장기적 성장 전략과 지속 가능한 경쟁 우위 확보　　　　168

참고　|　매수인의 입장에서 주의해야 할 근로관계 승계 이슈　　169
참고　|　M&A 과정에서 고려해야 할 세무 이슈 총정리　　　　174

PART 06. 가업승계를 위한 M&A 딜소싱 활용 가이드   178

01 가업승계형 M&A   179
- 01 경영 안정성 확보   179
- 02 자산 이전 및 구조조정   180
- 03 세금 부담 완화   180
- 04 후계자 양성 및 경영권 안정성   181
- 05 경쟁력 강화 및 사업 확장   181
- 06 가업의 지속 가능성 확보   182

02 가업승계에 M&A를 활용한 성공사례   184
- 01 삼양그룹: 전략적 M&A를 통한 가업승계 성공   184
- 02 효성그룹: 두 차례의 인적분할을 통한 계열 분리   185
- 03 신세계그룹: 인적분할을 통한 계열분리와 주식교환을 통한 지분정리   186
- 04 CJ그룹: M&A를 통한 글로벌 확장 및 사업 포트폴리오 강화   187
- 05 LG그룹: 사업부문 분할과 M&A를 통한 독립 경영   188

03 가업승계형 M&A의 해외사례들   189
- 01 로레알(L'Oréal): 가족 경영과 전략적 M&A의 조화   189
- 02 피아트(FIAT): 합병을 통한 글로벌 자동차 기업으로의 도약   190
- 03 PVH(Phillips-Van Heusen): 패션 브랜드의 글로벌 확장을 위한 M&A   191
- 04 소니(SONY): 엔터테인먼트 산업으로의 확장을 위한 M&A   191
- 05 이케아(IKEA): 지배구조 개편을 통한 경영권 승계   192

참고 | 가업승계시 영업양수도 방식과 실무상 고려사항들   194
참고 | 영업양수도 계약서에 들어가야 할 항목들   200

PART 01.

M&A와 절차에 대한 모든 것

01

M&A의 첫걸음,
절차에 대해 알아보자

―――――――――――

　M&A(Mergers and Acquisitions)는 기업 간의 인수나 합병을 통해 규모를 확대하거나, 자원을 통합하여 시너지 효과를 창출하는 경영 전략이다. M&A는 단순한 거래 이상의 복잡한 과정이며, 이를 성공적으로 수행하려면 신중한 계획, 철저한 분석, 그리고 적절한 통합 전략이 필요하다.

　M&A는 Merger & Acquisition의 약어로서, Merger(합병)는 두 개 이상의 기업이 하나로 합쳐져서 단일한 기업이 되는 것을 의미하고, Acquisition(인수)는 한 기업이 다른 기업의 경영권 또는 영업을 취득하는 행위를 의미한다. 국내 실무상으로는 지분의 양수도, 상법에서 규정하는 조직법상 행위인 합병, 영업양수도, 포괄적 주식교환·이전을 포괄하는 광의의 의미로 M&A라는 용어를 사용하고 있다.

　특히 조직법상 행위들의 경우 상법상 절차를 준수하지 않을 경우 그 법률상 효력이 무효로 판단될 가능성이 있고, 그 과정에서 세무 이슈도 많이 발생하기 때문에 각 분야 전문가들의 협업이 필수적이다.

01. M&A의 주요 목적은 무엇일까

M&A의 목표는 단순히 기업을 합치거나 사들이는 것이 아니다. 기업의 전략적 목표를 달성하고 장기적으로 경쟁력을 강화하기 위한 도구로서 활용된다. M&A의 주된 목적은 다음과 같다:

1) 시장 점유율 확대

M&A를 통해 경쟁 기업을 인수하거나 시장 내에서 영향력을 넓히기 위한 방법으로 많이 활용된다. 동일 산업 내의 경쟁사를 인수하여 빠르게 시장 점유율을 확대하고, 경쟁을 줄일 수 있다. 특히 성숙된 시장에서 M&A는 새로운 시장에 진출하기 위한 가장 빠른 방법 중 하나다.

2) 경쟁력 강화 및 시너지 창출

M&A의 주요 목적 중 하나는 시너지 효과를 얻는 것이다. 두 기업이 합쳐짐으로써 각각이 갖고 있던 강점을 결합해 더 큰 성과를 낼 수 있다. 이는 운영 효율성 증대, 기술력 강화, 비용 절감 등의 형태로 나타난다. 예를 들어, 두 기업의 공급망을 통합함으로써 물류 비용을 줄이거나, 기술 개발 역량을 강화하여 시장 내 경쟁 우위를 확보할 수 있다.

3) 다양화

기업이 기존의 사업 외에 새로운 분야에 진출하기 위해 M&A를 활용할 수 있다. 이를 다각적 인수라고 하며, 새로운 시장이나 산업에 진입하여 리스크를 분산하고 성장 기회를 모색하는 데 유리하다. 예를 들어, 자동차 제조업체가 전기차 배터리 제조업체를 인수하여 관련 기술을 빠르게 확보하는 사례가 이에 해당한다.

4) 기술 및 자산 확보

기술이 경쟁력의 핵심 요소가 되는 산업에서 M&A는 필요한 기술이나 특허를 신속하게 확보할 수 있는 수단이 된다. 자체 기술 개발에는 시간이 오래 걸릴 수 있지만, 관련 기술을 가진 회사를 인수함으로써 개발 시간을 단축하고 경쟁력을 강화할 수 있다. 또한 인적 자원, 브랜드 자산, 지식재산권 등 다양한 자산을 획득하는 것도 중요한 목적이다.

5) 운영 비용 절감

M&A를 통해 중복된 부서나 자원을 통합하면 비용을 절감할 수 있다. 이는 규모의 경제를 실현하여 더 효율적인 운영을 가능하게 한다. 특히 IT 시스템, 생산 설비, 인적 자원 등의 통합은 비용 절감 효과를 극대화할 수 있다.

02. M&A의 주요 유형

M&A는 다양한 형태로 이루어지며, 결합 형태와 당사자의 의사에 따라 구분할 수 있다. 우선, 결합 형태에 따라 아래와 같이 세 가지 유형으로 분류할 수 있으며, 각 유형에 따라 그 목적과 효과가 다르다.

1) 수평적 인수합병 (Horizontal M&A)

수평적 인수합병은 동일 산업 내에서 경쟁 관계에 있는 기업 간 통합을 말한다(이른바 동종 업계 간 통합). 이는 시장 점유율을 높이고 경쟁을 줄이기 위한 전략이다. 예를 들어, A회사가 동일한 시장에서 경쟁 중인 B회사를 인수하면, A회사는 시장 점유율을 확대하고 경쟁을 줄이며 규모의 경제를 실현하는 효과를 얻을 수 있다. 수평적 인수합병은 내재된 경쟁 제한의 우려로 인하여 공정거래위원회 등 규제 당국으로부터 보다 엄격한 경쟁제한성 심사가 이루어질 가능성이 높다.

수평적 인수합병의 대표적인 예로는, 현재 진행중인 대한항공의 아시아나 인수, SK텔레콤의 신세기통신 인수, 다음과 카카오의 합병 등을 들 수 있다.

2) 수직적 인수합병 (Vertical M&A)

수직적 인수합병은 밸류 체인(Value Chain)의 각 단계에 위치한 기업 간의 통합을 의미하며, 비용 절감과 공급망의 안전성을 확보하고 수직계열화를 통해 운영 효율성을 높이는 이점을 확보할 수 있다.

수직적 인수합병의 대표적인 예로는 완성차 제조사인 현대자동차의 로봇 전문 기업인 보스턴다이내믹스 인수, 반도체기업 SK하이닉스를 보유한 SK의 반도체 특수가스 회사인 OCI 머티리얼즈(現 SK스페셜티) 인수 등이 있다.

3) 다각적(혼합적) 인수합병 (Conglomerate M&A)

다각적 인수합병은 서로 다른 산업에 속한 기업 간의 합병을 말한다. 이는 기업이 기존 사업 이외의 다른 분야로 진출하여 리스크를 분산하고 새로운 성장 기회를 찾기 위한 전략이다. 대표적인 예로 SKT의 사업다각화를 위한 하이닉스 인수, 하이트맥주의 유통망 활용을 위한 진로소주 인수 등이 있다.

03. M&A의 단계별 절차

M&A는 복잡한 절차와 여러 단계를 거쳐 이루어진다. 각 단계에서 철저한 준비와 실행이 필요하며, 다음은 통상적인 주식양수도 방식의 경영권 이전 거래에서의 일반적인 M&A 절차다.

1) 전략 수립 및 인수 대상 기업의 탐색

M&A의 첫 번째 단계는 명확한 목표 설정과 전략 수립이다. 기업이 왜 M&A를 추진하는지, 이를 통해 무엇을 달성하려는지에 대한 명확한 비전이 필요하다. 구체적으로, 매도인은 매각대상회사의 가치와 매력을 높일 수 있는 요소를 발굴해야 하고, 적정한 매각 시점에 대한 의사결정이 필요하다. 매수인은 인수를 통하여 어떠한 시너지를 창출하고자 하는지 명확히 할 필요가 있고, 그에 따라 인수 대상 업종을 선택하며, 시장과 경쟁 환경 분석을 통하여 구체적인 인수 대상 기업(타겟 기업)을 탐색하여야 한다. 아울러, 인수자금 조달 방안도 이 단계에서 어느 정도는 구체화할 필요가 있다.

2) 실사 및 가치평가

M&A를 위해 적합한 인수 대상 기업을 탐색하였다면, 타겟 기업의 재무 상태, 시장 위치, 기술력, 인적 자원 등을 평가하며, 철저한 실사(Due Diligence) 과정이 필요하다. 실사에서는 타겟 기업의 재무제표, 우발채무, 법적리스크, 운영상태 등을 검토해 인수 결정의 기초 자료로 삼는다.

3) 협상 및 계약 체결

타겟 기업에 대한 실사와 가치평가 자료를 바탕으로, 매도인과 매수인은 인수 가격과 거래 조건에 대해 협상을 진행한다. 이 단계에서는 계약서 초안을 마련하고, 법률과 세무적인 관점 등을 종합적으로 고려하여 거래 구조를 설계하여야 한다. 양 당사자는 인수에 따른 각자의 risk를 최소화 할 수 있는 방안으로 계약서를 작성하고자 할 것이며, 그 과정에서 당사자들의 이해관계를 조정하기 위한 협상이 필수적이다. 협상이 완료되면 최종 계약서를 작성하고 체결하게 된다.

4) 인수 후 통합 (Post-Merger Integration)

인수 절차가 종료된 이후에도 인수자와 인수한 기업의 자산, 인력, 시스템, 조직 문화를 통합하여 하나의 기업으로 성공적으로 운영되도록 할 필요가 있고, 이를 PMI 라고 한다. PMI 과정이 원활히 이루어지지 않을 경우, M&A가 성공적으로 완료되었더라도 기대한 시너지 효과를 얻기 어렵다. 그래서 PMI 단계를 흔히 M&A 성공의 핵심 요소라고 한다.

04. M&A의 리스크와 도전 과제

M&A는 큰 기회를 제공하지만, 동시에 많은 리스크와 도전 과제를 동반한다. 특히 중소기업이나 경험이 적은 기업은 다음과 같은 위험을 주의해야 한다.

1) 기업 문화 충돌

두 기업의 문화가 다를 경우, 인수 후 직원 간 갈등이나 조직 내 혼란이 발생할 수 있다. 이는 생산성 저하와 직원 이탈로 이어질 수 있으므로, 사전에 철저한 문화적 통합 계획이 필요하다.

2) 재무적 리스크

M&A 과정에서 과도한 인수 비용이나 부채 부담이 발생할 수 있다. 타겟 기업의 재무 상태를 정확히 평가하고, 인수 자금 조달 방법을 신중하게 검토해야 한다.

3) 통합 실패

 PMI 과정에서 조직 구조, 운영 방식, IT 시스템 등이 제대로 통합되지 않으면 M&A의 목적을 달성하기 어렵다. 이는 예상보다 높은 비용과 시간이 소요될 수 있으며, 계획된 시너지를 실현하지 못하게 할 수 있다.

 M&A는 기업 성장의 중요한 전략적 도구지만, 성공을 위해서는 신중한 계획과 철저한 준비가 필요하다. 시장 점유율 확대, 기술 획득, 비용 절감 등 다양한 목적을 달성할 수 있지만, 잘못된 결정이나 부실한 통합은 기업에 심각한 문제를 초래할 수 있다. M&A의 각 단계를 체계적으로 관리하고, 리스크를 최소화하는 전략적 접근이 필수적이다.

참고

M&A가 실패하는
다양한 이유

M&A(인수합병)가 실패하는 이유는 매우 다양하고 복합적이다. M&A는 기업의 성장과 시장 지배력을 강화하는 효과적인 도구가 될 수 있지만, 이를 성공적으로 수행하는 것은 결코 쉬운 일이 아니다. 실제로 많은 M&A 거래가 기대했던 성과를 내지 못하거나 실패로 끝나곤 한다. 그 이유는 재무적, 조직적, 문화적, 그리고 전략적 요인들이 복합적으로 작용하기 때문이다. 아래는 M&A가 실패하는 다양한 주요 원인들이다.

1. 기업 문화의 충돌

M&A가 실패하는 가장 큰 이유 중 하나는 기업 문화의 충돌이다. 두 기업이 합병하거나 인수될 때, 각 기업의 조직 문화가 다르면 갈등이 발생할 수 있다. 특히, 직원들의 일하는 방식, 가치관, 리더십 스타일이 충돌할 경우, 생산성과 직원의 만족도에 부정적인 영향을 미친다. 이는 인재 이탈, 내부 갈등, 팀워크 저하로 이어질 수 있다.

예를 들면, 한 기업이 수평적이고 창의성을 중시하는 문화라면, 위계적이고 전통적인 문화를 가진 기업과의 통합이 어려울 수 있다. 직원들 간의 갈등이나 소통 문제로 인해 M&A가 기대한 시너지 효과를 발휘하지 못하게 된다.

2. 인수 가격의 과대 평가

M&A 실패의 또 다른 중요한 이유는 인수 대상 기업의 가치를 과대평가하여 인수인이 인수를 포기하는 것이다. M&A를 추진하는 기업은 목표 기업의 가치를 잘못 평가하거나 지나치게 높은 프리미엄을 지불할 수 있다. 이는 장기적으로 큰 재무 부담으로 이어지고, 인수 후에 기대했던 성과를 내지 못할 경우 심각한 손실을 초래할 수 있다.

예를 들면, 인수할 기업의 매출 성장률, 시장 점유율, 기술력 등을 과대평가하여 실제 가치보다 높은 가격을 지불할 경우, 수익성이 낮아지거나 예상보다 긴 회수 기간을 겪게 된다.

3. 재무적 문제 및 부채 부담

많은 기업이 M&A를 위해 막대한 자금을 빌려 사용하며, 그 결과 과도한 부채 부담을 지게 되는 경우가 많다. M&A가 성과를 내지 못하거나 예상보다 긴 회복 기간을 필요로 할 때, 높은 부채는 기업의 재무 건전성을 악화시키고 파산 가능성을 높일 수 있다. 특히, 인수 후 예상하지 못한 추가 비용이 발생할 경우, 재무 구소가 크게 악화될 수 있다.

예를 들어, 한 기업이 대규모 자금을 빌려 다른 회사를 인수했으나, 인수 후 통합 비용이 예상보다 높아지고 수익이 기대에 미치지 못할 경우, 부채 상환이 어려워질 수 있다.

4. 전략이 적합하지 않은 M&A 시도

M&A의 성공 여부는 기업 간의 전략적 적합성에 크게 좌우된다. 인수 기업과 피인수 기업의 전략이 서로 맞지 않거나, 인수 대상 기업이 사업 목표와 부합하지 않는 경우 M&A는 실패로 끝날 가능성이 크다. 이는 특

히 사업 포트폴리오 확장을 목적으로 M&A를 추진할 때 자주 발생한다. 가령, 한 기술 기업이 금융 분야로 진출하기 위해 금융회사를 인수했으나, 기존 기술 비즈니스와의 시너지를 내지 못하고 경영 난항을 겪게 되는 경우다.

5. PMI 실패

M&A가 성공하기 위해서는 인수 후 효과적인 통합이 필수적이다. 그러나 많은 기업이 이 통합 과정에서 실패한다. 조직 구조, 인력, 시스템, 운영 프로세스 등을 통합하는 과정에서 발생하는 문제는 매우 복잡하며, 이 단계가 실패하면 M&A의 성공 가능성도 크게 줄어든다.

통합 실패의 주요 원인은 아래와 같다:

- IT 시스템과 프로세스의 비호환성
- 중복되는 조직 구조나 인력 해소 실패
- 명확한 리더십 부재 및 의사소통 부족
- 인수 후의 기대 성과를 실현하기 위한 명확한 계획 부재

통합이 지연되거나 문제가 발생할 경우, 비용은 예상보다 증가하고 성과는 저하되며, 기업 전체의 운영 효율성이 떨어질 수 있다.

6. 충분한 실사(Due Diligence) 부족

M&A 과정에서 필수적인 단계인 실사(Due Diligence)가 제대로 이루어지지 않으면 큰 리스크를 초래할 수 있다. 인수 기업이 피인수 기업의 재무 상태, 법적 리스크, 고객 및 시장 기반 등을 충분히 검토하지 않고 거래를 진행할 경우, 나중에 예기치 않은 문제들이 발생하게 된다.

가령, 기업이 인수 대상의 부채, 계약 분쟁, 혹은 법적 문제를 사전에 충분히 파악하지 못하면 인수 후 막대한 비용이 발생할 수 있다. 또는 기술적 결함이나 시장 내 입지 약화 등을 간과한 상태에서 M&A를 진행하면, 인수 후 기업 가치를 유지하거나 향상시키기 어려워진다.

업그레이드

M&A를 진행하면서 실사를 하는 이유

M&A 과정에서 매수자는 타겟 기업에 대한 실사를 통해 타겟 기업의 재무 상태, 법적 리스크, 영업 활동 등을 철저히 검토한다. 이를 통해 매수자는 투자 또는 인수에 따른 리스크를 최소화하고, 거래 조건을 결정하는 데 필요한 정보를 얻는다. 구체적으로 매수자가 타겟 기업에 대한 실사를 하는 이유는 다음과 같다.

1. 기업의 재무 상태 검토

매수자는 타겟 기업의 재무제표, 수익성, 현금 흐름, 부채 상황 등을 통해 기업의 재정 상태를 정확히 파악해야 한다. 이를 통해 기업이 얼마나 안정적인 수익을 내고 있는지, 부채는 얼마나 관리되고 있는지 등을 확인할 수 있다.

또한, 수익이 일회성인지 지속적인지를 검토하고, 타겟 기업의 장부가 현실을 반영하고 있는지 평가하여 투자금 회수 가능성을 판단하게 된다.

타겟 기업의 실제 가치와 매출, 비용 구조를 확인하여 적정한 거래 가격을 산정하고, 잠재적인 재무 리스크를 식별한다.

2. 법률상 리스크 파악

매수자는 타겟 기업의 인수 과정에서 발생할 수 있는 법률상 리스크 또는 취하여야 할 법적 절차를 확인할 필요가 있다. 아울러, 타겟 기업의 통상적인 사업 운영 과정에서 각종 인허가 또는 규제 법률을 위반하고 있거나, 진행중이거나 예상되는 소송 또는 법률상 분쟁이 발생할 가능성이 있는지, 그에 따라 발생가능한 예상 우발 부채의 규모는 얼마인지 확인해야 한다. 만약 매수자가 이러한 법률상 리스크를 파악하지 않은 채 타겟 기업을 인수할 경우 인수 이후 매수자에게 큰 부담이 될 수 있다.

아울러 타겟 기업이 체결중인 주요 계약들(예: 각종 영업 계약, 필수 지식재산권에 대한 라이선스 계약 등) 중 인수 이후에도 유효하게 존속하여야 하는 계약을 선별하고, 그 계약이 유효하게 존속할 수 있도록 각 계약에서 요구하는 조치를 취하는 것도 중요하다.

3. 재무 및 세무 리스크 평가

타겟 기업의 과거 세금 신고 내역, 세무조사 기록, 세금 관련 분쟁 등을 검토하여 세무 리스크를 평가한다. 특히 세금 미납이나 부정 신고로 인해 발생할 수 있는 세금 관련 문제를 확인해야 한다.

또한, 인수 후 매수자가 해당 기업의 납세 의무를 승계하게 되는 경우도 발생할 수 있으므로, 세금 관련 규정과 합병 이후 발생할 세금 부과 사항을 정확히 파악하는 것이 중요하다.

세금 문제로 인한 불필요한 비용 발생을 예방하고, 인수 후 세무 구조를 최적화할 수 있도록 준비한다.

4. 지식재산권(IP) 및 기술 검토

　매수자는 타겟 기업의 핵심 자산이 될 수 있는 특허, 상표, 저작권 등 지식재산권(IP)이 제대로 보호되고 있는지 검토해야 한다. 특히 기술 기업이나 IT 기업의 경우, 해당 기업이 보유한 기술이 독창적인지, 법적으로 보호받고 있는지를 확인하는 것이 필수적이다.

　타겟 기업의 핵심 IP가 제3자에 의해 침해받고 있거나, 제3자의 권리를 침해하는 등 IP 관련 분쟁이 발생하게 되면 매수자에게 큰 리스크가 될 수 있다.

　타겟 기업의 기술 및 IP가 시장에서 경쟁 우위를 제공할 수 있는지 확인하고, 지식재산권과 관련된 법적 분쟁이나 리스크를 예방한다.

5. 영업 실적 및 고객 기반 분석

　매수자는 타겟 기업의 주요 고객군, 매출의 의존도, 주요 계약에 대한 실사를 통해 타겟 기업의 영업 실적과 고객 기반을 철저히 검토해야 한다. 매출의 상당 부분이 몇몇 주요 고객에게 의존하는 경우, 인수 과정에서 또는 인수 후 주요 고객사와의 거래 관계가 해지되거나 종료될 경우 타겟 기업의 매출에 부정적인 영향을 미칠 수 있다.

　또한, 고객과의 장기 계약 여부, 계약 갱신 가능성, 주요 고객의 이탈 가능성 등도 평가해야 한다.

　타겟 기업의 영업 성과와 고객 관계의 안정성을 확인하고, 인수 후 매출 지속 가능성을 평가한다.

6. 조직 및 인적 자원 분석

타겟 기업의 핵심 인재, 경영진, 그리고 조직 구조를 평가하는 것도 중요하다. 타겟 기업이 인수 후에도 핵심 인재를 유지할 수 있는지, 또는 인수 과정에서 조직 내 갈등이나 이탈 가능성이 있는지를 파악해야 한다.

또한, 타겟 기업의 조직 문화가 매수자의 기업 문화와 얼마나 잘 맞는지, 조직 통합 과정에서 발생할 수 있는 문제점을 예측하는 것도 필수적이다.

인수 후 조직 통합의 원활한 진행을 위해 인력 구조와 주요 경영진의 유지 가능성을 평가한다.

7. 사업 전망 및 성장 가능성 평가

매수자는 타겟 기업의 현재 시장 상황과 경쟁 위치를 평가하고, 향후 시장 성장 가능성을 분석해야 한다. 타겟 기업의 시장 점유율, 경쟁력, 기술 혁신 능력 등을 분석하여 인수 후 기업이 시장에서 성장할 수 있는지 확인한다.

특히 타겟 기업이 속한 산업의 트렌드 변화나 법적 규제 변화도 성장 가능성에 영향을 미칠 수 있으므로 이를 고려한 실사를 진행해야 한다.

미래에도 경쟁력을 유지하고 성장할 수 있는 잠재력이 있는지 검토하여 인수의 전략적 가치를 평가한다.

8. 환경, 사회적 리스크 평가

매수자는 타겟 기업이 환경 문제나 사회적 이슈와 관련된 리스크를 가지고 있는지 확인해야 한다. 이는 특히 제조업체나 자원 채굴 업체의 경우 중요한 요소로, 환경 오염 문제(예컨대 토양오염)나 규제 위반 사항이 있는 경우 막대한 비용이 발생할 수 있다.

사회적 책임(Social Responsibility) 문제 또한 기업 평판에 영향을 미칠 수 있으므로, 이러한 리스크도 미리 평가하는 것이 필요하다.

환경 및 사회적 리스크를 파악하여 법적 문제나 평판 손상을 방지하고, 인수 후 ESG(환경·사회·지배구조) 기준을 충족할 수 있는지를 확인한다.

9. PMI(Post-Merger Integration) 준비

매수자는 실사를 통해 인수 후 타겟 기업과의 통합 과정에서 발생할 수 있는 잠재적 문제점을 파악하고, 이를 해결할 수 있는 계획을 수립해야 한다. 실사에서 파악한 재무, 법률, 영업, 인력 등의 정보를 바탕으로 인수 후 통합 전략을 구체화할 수 있다.

통합 과정에서 예상되는 비용, 시간, 조직 저항 등을 고려한 세부 계획이 필요하다. 인수 후 통합 과정을 원활히 진행하고 예상치 못한 문제를 최소화하기 위해 사전 준비를 철저히 한다.

이처럼 매수자의 실사는 인수 후 발생할 수 있는 모든 리스크를 식별하고 이를 관리하기 위한 필수적인 과정이다. 이를 통해 매수자는 타겟 기업의 실질적인 가치를 파악하고, 합리적인 거래 조건을 협상할 수 있으며, 예상치 못한 문제를 사전에 예방할 수 있다.

02

M&A 이후
기업 성공과 실패의 요인들

---

01. 리더십 및 의사결정 문제

M&A가 진행된 후, 통합된 조직의 리더십이 명확하지 않거나, 새로운 경영진의 리더십 스타일이 직원들과 맞지 않으면 기업 전체의 운영에 혼란을 초래할 수 있다. 특히 인수 후 조직 내 권력 다툼이 벌어지거나 리더십 공백이 발생할 경우, 통합 과정이 지연되고, 중요한 의사결정이 적시에 이루어지지 않아 성과가 저하된다.

인수 기업과 피인수 기업의 경영진 사이에서 권력 다툼이 발생하거나, 새로운 리더가 통합 후 조직을 이끌 능력과 비전을 명확히 제시하지 못할 경우, 직원들의 사기가 떨어지고 업무 효율성에 부정적인 영향을 미칠 수 있다.

02. 어쩔 수 없는 시장 반응과 외부 요인의 변화

M&A는 계획 당시의 시장 상황을 기반으로 이루어지기 때문에, 인수 후 외부 환경이나 시장 반응이 예상과 다를 경우 실패할 수 있다. 특히, 산업 환경이나 경제 상황의 급격한 변화는 M&A의 성공에 큰 영향을 미칠 수 있다.

가령, 인수 직후 경기 침체나 기술 변화로 인해 예상치 못한 시장 환경 변화가 발생할 경우, 계획했던 성과를 달성하지 못할 수 있다. 또한, 고객들이 인수로 인해 서비스나 제품 품질이 떨어진다고 느낄 경우, 시장에서의 평판이 나빠질 수 있다.

M&A는 기업 성장과 경쟁력 강화를 위한 중요한 전략적 도구이지만, 성공하려면 수많은 요인을 신중하게 고려해야 한다. 기업 문화 충돌, 인수 가격 과대평가, 재무적 리스크, 통합 과정 실패, 그리고 직원 저항과 같은 다양한 요소가 M&A의 실패를 초래할 수 있다. 이를 방지하기 위해서는 철저한 사전 준비와 실사, 명확한 통합 계획, 그리고 리더의 강력한 의사결정이 필요하다.

03

M&A는
무엇 때문에 시작되는가

M&A(인수합병, Mergers and Acquisitions)를 시작하는 동기는 기업이 성장과 발전을 추구하는 과정에서 매우 중요한 전략적 결정으로 작용한다. 기업이 M&A를 고려하는 이유는 다양한 경제적, 전략적, 운영적 목표를 달성하기 위한 방법 중 하나로, 그 동기에는 여러 가지가 존재한다.

첫째, 성장 가속화가 주요 동기 중 하나이다. 기업이 자체적으로 성장하기 위해서는 신규 시장 개척, 제품 개발, 고객 기반 확장 등 시간이 많이 소요되는 과정이 필요하다. 그러나 M&A를 통해 다른 기업을 인수하게 되면 그 기업이 이미 가지고 있는 시장, 자원, 기술을 즉시 활용할 수 있게 되어 빠른 성장이 가능해진다. 특히 새로운 산업 진출이나 해외 시장 확장이 목적일 경우, 해당 분야에서 이미 자리 잡은 기업을 인수하는 것은 초기 진입장벽을 낮추는 효과적인 방법이 된다.

둘째, 시너지 효과를 얻기 위한 동기도 중요하다. 인수합병은 두 기업이 합쳐짐으로써 운영비용 절감, 생산성 향상, 기술 및 노하우 공유 등에서 긍정적인 시너지를 기대할 수 있다. 예를 들어, 비슷한 사업을 영위하는 두 회사가 합병할 경우, 중복되는 경영 자원이나 인프라를 통합함으로써 비용 효율성을 극대화할 수 있다. 또한, 서로의 강점을 결합하여 경쟁력 있는 제품이나 서비스를 제공함으로써 시장에서의 경쟁 우위를 강화할 수 있다.

셋째, 기술 및 자산 확보를 위한 목적도 존재한다. 특히 빠르게 변화하는 기술 환경 속에서 경쟁력 유지를 위해 필요한 핵심 기술이나 특허를 보유한 회사를 인수하는 것은 기업이 혁신을 지속하고 경쟁에서 살아남는 데 중요한 전략이다. 특히 제약·바이오 기업의 M&A가 이러한 목적으로 이루어지는 경우가 많다. 또한, 특정 자원을 보유한 회사를 인수함으로써 공급망 안정성을 강화하거나 새로운 자원을 확보하여 장기적인 성장 기반을 다질 수 있다.

넷째, 경쟁력 제고와 시장 지배력 확대를 위한 동기도 있다. M&A를 통해 경쟁사를 인수하거나 주요 경쟁자의 시장 점유율을 흡수함으로써 해당 산업 내에서의 경쟁력을 강화할 수 있다. 특히 동일한 시장 내에서 경쟁이 치열할 경우, 경쟁사를 인수함으로써 시장에서의 독점적 지위를 확보하거나 가격 결정권을 강화할 수 있는 기회를 얻을 수 있다.

다섯째, 위험 분산의 목적도 있다. 하나의 사업 부문에 지나치게 집중된 포트폴리오는 외부 환경 변화에 취약할 수 있다. 이 경우, M&A를 통해 다양한 사업부문으로 진출함으로써 리스크를 분산시키고 보다 안정적인 수익 구조를 구축할 수 있다. 다양한 산업이나 지역에 걸쳐 사업을 운영하면 특정 시장에서의 경제적 충격에 덜 민감하게 반응할 수 있기 때문에 기업의 장기적 안정성을 도모할 수 있다.

결국, M&A를 시작하는 동기는 기업의 상황과 목표에 따라 다양하게 나타난다. 성장의 가속화, 시너지 효과 창출, 자산 및 기술 확보, 경쟁력 강화, 위험 분산 등은 대표적인 이유들로, 이 모든 요인들이 결합하여 기업은 M&A를 중요한 전략적 도구로 선택하게 된다.

04

M&A에서 가장 중요한
경영권에 대한 이해

　M&A(인수합병)에서 가장 중요한 요소 중 하나인 "경영권"은 기업의 운영과 의사결정을 지배할 수 있는 권한을 의미한다. 경영권은 단순히 기업의 소유를 넘어서 실제 경영의 주도권을 쥐고 있는지를 나타내며, 인수합병 과정에서 핵심적인 논점이 된다. 경영권을 확보하게 되면 해당 기업의 중요한 경영 결정 (예를 들어, 전략적 방향 설정, 재무 관리, 주요 인사 임명 등)을 통제할 수 있기 때문이다. 그래서 경영권 이전 거래시 소위 '경영권 프리미엄'이 형성되는 것이 일반적이다.

　경영권의 구성 요소는 주로 주식 소유와 밀접하게 연관된다. 기업의 지분을 많이 소유할수록 그 회사의 의사결정 과정에서 더 큰 발언권을 가지게 된다. 대부분의 경우, 경영권을 의미하는 것은 지배 지분(Controlling Stake)을 확보하는 것이다. 일반적으로 50%를 초과하는 주식을 소유하게 되면 기업의 주요 결정을 직접 내릴 수 있는 실질적인 경영권을 갖게 된다. 하지만, 경영권은 반드시 절대 과반수(50% 초과)의 지분을 가져야만 확보할 수 있는 것은 아니다. 일부 경우에는 기업 구조나 소액주주들의 분포에 따라 30% 또는 그 이하의 지분만을 취득하더라도 경영권을 확보할 수 있는 상황이 발생할 수 있다. 이러한 상황에서는 기업 내 주요 주주들과의 주주간계약 체결을 통하여 주요 경영사항에 대한 의사결정권을 확보하는 등의 방법으로 간접적으로 경영권을 장악하는 것도 가능하다.

경영권을 둘러싼 문제는 M&A 거래에서 매우 중요한 쟁점이 되는데, 그 이유는 기업의 미래 운영 방식을 결정짓는 핵심 권한이기 때문이다. 경영권 인수를 통해 새로 인수한 기업의 전략을 재정립하거나 구조조정을 추진할 수 있다. 예를 들어, 새로운 인수 기업이 기존 경영진을 교체하고 자신의 경영 철학을 반영한 새로운 경영진을 구성할 수 있다. 이로 인해 회사의 비전, 문화, 경영 방식에 큰 변화가 생길 수 있으며, 이는 기업의 성과에도 직접적인 영향을 미친다.

적대적 M&A(Hostile Takeover)에서 경영권은 더욱 중요해진다. 적대적 인수는 기존 지배주주 또는 경영진이나 이사회가 반대하는 상황에서 진행되는 인수합병으로, 이 경우 인수 희망자는 타겟 기업의 주식을 장내매수하거나 공개 매수(Tender Offer)하여 주주들로부터 직접 지분을 확보한 뒤, 위임장 권유(Proxy Fighting) 등을 통해 경영권을 차지하려고 시도한다. 적대적 M&A에서는 기존 지배주주 또는 경영진이 인수에 반대하며 방어 전략을 펼칠 가능성이 높고, 이로 인해 경영권 확보가 더 복잡해질 수 있다. 결국 이 과정에서 경영권은 인수의 성패를 좌우하는 핵심적인 요인이 된다.

전술한 바와 같이 경영권 이전 거래에 따른 '경영권 프리미엄'도 M&A에서 중요한 개념이다. 인수자가 경영권을 확보하기 위해 지불하는 추가 비용을 경영권 프리미엄이라고 한다. 이는 기업이 주식의 시장 가치보다 더 높은 금액을 지불하게 되는 이유이기도 하다. 예를 들어, 인수자가 기업의 51%의 지분을 확보해 경영권을 획득할 경우, 단순히 지분을 보유하는 것보다 그 기업의 전략적 결정과 자원 배분 등을 통제할 수 있는 권리를 얻게 되므로 추가적인 가치를 인정받아 더 높은 가격을 지불하게 된다.

경영권의 중요성은 인수자가 회사의 장기적인 운영 방향을 주도할 수 있는 능력에 달려 있다. 성공적인 M&A는 단순히 지분을 획득하는 것뿐만 아니라, 실제로 기업의 경영권을 어떻게 장악하고 그 권한을 활용할 수 있는가에 따라 달라진다. 따라서 경영권을 둘러싼 협상, 주주들의 지분 분포, 인수 후 경영 전략 등이 M&A 과정에서 매우 중요한 역할을 하게 되며, 인수자가 기업의 장기적인 성과에 미치는 영향을 고려할 때 경영권 확보는 필수적인 요소가 된다.

결론적으로, M&A에서 경영권은 기업의 통제권을 의미하며, 이는 해당 기업의 모든 주요 결정에 영향을 미칠 수 있는 중요한 권한이다. 경영권을 확보한다는 것은 그 기업의 미래를 좌우할 수 있는 권리를 의미하므로, M&A에서 경영권을 둘러싼 문제는 신중하게 다뤄져야 한다.

05
M&A 대상 기업은
어떻게 선정되는가

M&A(인수합병)를 성공적으로 수행하기 위해서는 적절한 대상 기업을 선정하는 것이 매우 중요한 단계이다. 대상 기업의 선택은 M&A의 성패를 좌우할 수 있을 만큼 중요한 전략적 결정으로, 이를 위해 다양한 요소들을 면밀히 분석하고 평가해야 한다. M&A 대상 기업을 선정하는 방법에는 다음과 같은 주요 절차와 고려 사항들이 포함된다.

첫째, 전략적 목표를 설정하는 것이 필수적이다. M&A의 궁극적인 목적이 무엇인지 명확히 정의하는 것이 첫 단계이다. 예를 들어, 새로운 시장 진출, 제품 포트폴리오 확장, 경쟁력 강화, 시너지 창출 등 다양한 목적에 따라 적합한 대상 기업의 특성이 달라질 수 있다. 성장 목표가 중심이라면 해당 시장에서 높은 성장 가능성을 가진 기업이 이상적일 것이며, 비용 절감이 목적이라면 공급망의 일부를 통제할 수 있는 기업을 목표로 할 수 있다. 즉, 기업의 장기적 전략에 부합하는 기업이 M&A 대상이 되어야 한다.

둘째, 산업 분석이 중요하다. M&A 대상 기업을 선택하기 위해서는 먼저 목표로 하는 산업군에 대한 깊이 있는 이해가 필요하다. 해당 산업의 성장 잠재력, 경쟁 구도, 규제 환경, 기술 트렌드 등을 분석함으로써 어떤 산업이 기업의 전략적 목표에 가장 부합하는지 파악할 수 있다. 또한, 산업 내에서 유망한 기업들을 좁혀 나가는 과정에서 경쟁자의 동향이나 글로벌 시장에서의 변화를 주의 깊게 살펴야 한다. 일반적으로 산업 자체가 성숙기에 있거나 쇠퇴기에 있는 경우보다, 성장 단계에 있는 산업에서 인수 기회를 찾는 것이 더 매력적일 수 있다.

셋째, 재무 분석을 통해 대상 기업의 재무 건전성을 평가하는 것이 필수적이다. M&A는 대규모 자금이 투입되는 거래이므로, 대상 기업이 재무적으로 건강한지를 파악하는 것이 매우 중요하다. 구체적으로는 매출 성장률, 이익률, 부채 비율, 현금 흐름 등을 분석하여 해당 기업이 장기적으로 안정적인 수익을 창출할 수 있는지 확인해야 한다. 재무제표를 통해 회사의 과거 실적뿐만 아니라 미래 수익 창출 가능성을 평가할 수 있으며, 너무 높은 부채를 가진 기업은 피하는 것이 좋다. 또한, 대상 기업의 가치평가(Valuation)가 적절한지 검토하는 것이 중요하다. 비슷한 기업들과 비교해 과대평가된 기업을 인수하는 것은 향후 리스크를 증가시킬 수 있다.

넷째, 경영진 및 기업 문화의 적합성도 고려해야 한다. M&A의 성공 여부는 재무적 요인뿐만 아니라 비재무적 요인, 특히 경영진과의 협력 및 조직 문화의 통합에도 달려 있다. 인수 후에도 기존 경영진과의 협력이 필요한 경우, 경영진의 역량과 리더십 스타일이 중요한 평가 요소가 된다. 이와 더불어, 대상 기업의 조직 문화가 인수 기업의 문화와 얼마나 잘 맞는지도 중요한 변수이다. 조직 문화가 크게 다른 경우, 인수 후 통합 과정에서 충돌이 발생할 수 있으며, 이는 생산성 저하나 인력 이탈로 이어질 수 있다. 따라서 대상 기업의 경영진과 조직 문화를 미리 이해하고, 이를 성공적으로 통합할 수 있는지 여부를 평가해야 한다.

 다섯째, 시장 지위 및 경쟁 우위를 평가해야 한다. 대상 기업이 시장에서 차지하는 위치와 그 기업이 가지고 있는 핵심 경쟁력을 분석하는 것은 M&A 대상 선정에서 매우 중요하다. 대상 기업이 해당 시장에서 이미 탄탄한 고객 기반과 브랜드 인지도를 가지고 있다면, 이를 통해 인수 기업은 빠르게 시장에 진입하거나 점유율을 확대할 수 있는 기회를 얻게 된다. 또한, 대상 기업이 독자적인 기술이나 특허, 혹은 차별화된 제품을 보유하고 있다면, 이를 인수함으로써 인수 기업의 경쟁력을 한층 강화할 수 있다. 반대로, 경쟁력이 약한 기업이나 시장에서 하락세에 있는 기업은 M&A 이후 미리 준비된 PMI 또는 운영 계획이 없다면 성공적으로 운영을 이어가기 어려울 수 있다.

 여섯째, 사전에 M&A에 따른 규제 이슈에 대한 분석과 대응 전략을 면밀히 수립해야 한다. 공정거래법은 타겟 회사가 영위하는 사업의 성격을 불문하고 일정한 규모 이상의 기업결합에 대하여 인수인에게 신고의무를 부여하고 공정거래위원회에게 경쟁제한성 여부를 심사하여 그 승인 여부를 결정할 수 있는 권한을 부여하고 있다. 아울러 타겟 회사가 항공산업, 국가핵심기술 보유산업 등 특정 규제 산업에 해당하는 경우에는 관계 법령에 따라 추가적인 규제를 받을 수 있으며, 이에 따라 M&A 과정에서 다양한 규제 기관의 승인 절차가 필요할 수 있다.

 마지막으로, PMI의 성공가능성도 대상 기업을 선정할 때 반드시 고려해야 할 요소이다. M&A가 성공하기 위해서는 인수 후 두 기업의 자산, 인력, 시스템, 그리고 문화가 원활하게 통합되어야 한다. 따라서, 대상 기업이 인수 기업의 기존 구조와 얼마나 잘 통합될 수 있는지를 미리 분석해야 한다. 통합 과정에서 발생할 수 있는 잠재적 문제를 예측하고, 이를 해결할 수 있는 전략을 미리 준비하는 것이 중요하다.

결론적으로, M&A 대상 기업을 선정하는 과정은 전략적 목표와 재무적, 비재무적 요인들을 종합적으로 고려해야 하는 복잡한 절차이다. 대상 기업의 재무 건전성, 경영진의 역량, 시장 지위, 경쟁력, 법적 문제 등을 철저히 분석하여 기업의 장기적인 성장 목표와 부합하는 최적의 파트너를 찾아내는 것이 성공적인 M&A를 위한 필수적인 과정이다.

06
사모펀드의 입장에서
인수대상 기업 선정기준

사모펀드(Private Equity, PE)와 같은 재무적 투자자(Financial Investor, FI)가 인수 대상 회사를 선정하는 기준은 일반 기업과 같은 전략적 투자자(Strategic Investor, SI)와는 다소 차이가 있다. 사모펀드는 주로 투자 수익을 극대화하기 위한 목적으로 인수합병을 진행하며, 이는 기업의 경영권을 장악한 후 일정 기간 운영하면서 기업 가치를 증대시키고, 이후 매각이나 상장을 통해 수익을 실현하는 전략을 따른다. 따라서 사모펀드가 인수 대상 회사를 선정하는 기준은 기업의 가치 창출 가능성, 재무 구조, 경영 개선 가능성 등에 중점을 둔다. 구체적으로 사모펀드의 기준은 다음과 같다.

첫째, 현금흐름과 수익성이 가장 중요한 기준 중 하나이다. 사모펀드는 인수 후 기업의 부채를 활용해 투자를 진행하는 경우가 많기 때문에, 안정적이고 강력한 현금흐름이 있는 기업이 선호된다. 인수 이후에도 지속적으로 이자와 원금 상환을 감당할 수 있을 만큼 충분한 현금흐름을 창출할 수 있는 기업이 이상적이다. 특히, EBITDA(Earning Before Interest Tax Depreciation Amortization)와 같은 수익성 지표를 중점적으로 살펴보며, 재무적으로 안정된 기업을 선호한다. 이는 사모펀드가 기업 가치를 높여 수익을 실현할 때까지 해당 기업이 견고한 재무 기반을 유지할 수 있어야 하기 때문이다.

둘째, 기업의 개선 및 성장 가능성을 중점적으로 평가한다. 사모펀드는 인수 후 기업을 운영하며 기업 가치를 상승시키기 위해 경영 개선을 적극적으로 시도한다. 따라서 사모펀드는 경영 효율성이 떨어지거나 구조조정이 필요한 기업에 대해 큰 관심을 갖는다. 예를 들어, 비용 절감이 가능하거나 비효율적인 사업 부문을 정리함으로써 수익성을 개선할 수 있는 기업이 대상이 된다. 또한, 시장에서 충분히 경쟁력 있는 제품이나 서비스를 보유하고 있지만, 경영 관리나 자원 배분의 문제로 인해 성과가 미흡한 기업 역시 사모펀드가 집중적으로 노리는 대상이다. 이러한 경우 사모펀드는 경영 개선을 통해 단기간에 성과를 높이고, 기업의 가치 상승을 이끌어낼 수 있다.

셋째, 타겟 회사가 속한 산업의 전망과 시장 내 지위도 중요한 요소이다. 사모펀드는 비교적 단기간에 기업 가치를 높여 수익을 창출해야 하기 때문에, 인수 대상 기업이 속한 산업의 전망이 밝을수록 유리하다. 따라서 성장 가능성이 크고, 중장기적으로 수익성을 보장할 수 있는 산업에 속한 기업이 더 매력적인 투자대상으로 여겨질 가능성이 높다. 또한, 해당 기업이 속한 시장에서 경쟁 우위를 가지고 있는지, 혹은 시장 내에서 독점적 위치를 점할 가능성이 있는지도 주요한 고려 요소이다. 경쟁자가 많은 레드오션 산업보다는 상대적으로 덜 경쟁적이면서도 성장 잠재력이 있는 시장을 선호한다. 특히, 경쟁력이 있는 제품이나 차별화된 서비스, 혁신적인 기술을 보유한 기업은 사모펀드의 높은 관심을 받는다.

넷째, 경영진의 역량과 기업 문화도 인수 대상 선정에서 중요한 역할을 한다. 사모펀드가 경영권을 장악하더라도, 기존 경영진이 기업의 운영을 계속 맡는 경우도 종종 있다. 따라서 사모펀드는 경영진의 역량과 리더십, 전략적 비전을 중시하며, 기업의 성장과 경영 개선을 성공적으로 이끌 수 있는 경영진이 있는지 평가한다. 경영진의 능력에 따라 사모펀드가 목표로 하는 가치 상승 속도가 달라질 수 있기 때문이다. 또한, 조직 문화와 경영진의 유연성도 고려된다. 경영 개선과 구조조정이 필요한 상황에서, 기업 내에서 변화에 대한 저항이 크다면 사모펀드의 계획이 순조롭게 진행되지 않을 수 있기 때문에, 변화 관리가 가능한 기업이 선호된다.

다섯째, 기업의 성장 가능성을 평가한다. 사모펀드는 단순히 현재의 성과에 만족하는 것이 아니라, 인수 후 기업이 더 큰 성장을 이룰 수 있는 잠재력을 가진 기업을 선호한다. 이를 위해 대상 기업의 신시장 진출 가능성, 제품 또는 서비스의 확장성, 기술 혁신 가능성 등을 평가한다. 성장 가능성이 높은 기업일수록 사모펀드는 인수 후 단기간에 기업 가치를 크게 상승시킬 수 있는 기회를 얻게 된다. 특히, 인수 후 제품 라인 확장이나 국제 시장 진출 등으로 성장을 가속화할 수 있는 기업은 매력적인 대상이 된다.

마지막으로, 매각 및 엑시트(Exit) 전략을 고려한 대상 기업 선정이 이루어진다. 사모펀드는 인수 후 일정 기간 내에 기업을 매각하거나 상장(IPO)을 통해 투자 회수를 계획한다. 따라서 인수 후 해당 기업을 어떻게 매각할 수 있을지, 혹은 상장을 통한 투자 회수 가능성이 있는지 미리 검토하는 것이 중요하다. 산업 내에서 다른 인수자가 관심을 가질 만한 기업인지, 또는 상장 시 시장의 관심을 끌 수 있는 매력적인 요인을 보유하고 있는지를 분석하여 엑시트 전략을 세운다. 이때, 인수 이후의 시장 변화나 산업 내의 경쟁 구도 등도 예측해야 하며, 엑시트 시점에서 높은 수익을 실현할 수 있는 기업을 선택하는 것이 필수적이다.

결론적으로, 사모펀드가 인수 대상 회사를 선정하는 기준은 투자 수익을 극대화할 수 있는 잠재력을 중심으로 다각도로 평가된다. 안정적인 현금흐름과 수익성을 갖춘 기업, 경영 개선을 통해 단기간에 가치를 높일 수 있는 기업, 성장 가능성이 높은 산업에 속한 기업 등이 주로 사모펀드의 인수 대상으로 고려된다. 이러한 기업은 사모펀드의 특성에 맞게 가치 창출과 엑시트 전략을 성공적으로 실행할 수 있는 중요한 자산으로 평가된다.

참고

매수인 입장에서 인수대상 회사를 고르는 기준은 무엇인가

인수 대상 회사를 선정하는 구체적인 기준은 인수자가 무엇을 목표로 하느냐에 따라 다를 수 있지만, 일반적으로 M&A(인수합병)에서 성공적인 거래를 이루기 위해서는 재무적, 전략적, 운영적 측면에서 종합적으로 평가해야 한다. 각 기준은 인수 후의 성과와 성공 가능성을 극대화하기 위한 필수적인 요소로 작용하며, 구체적인 선정 기준은 다음과 같다.

1. 재무 건전성(Financial Health)

재무적 요소는 인수 대상 기업을 선정할 때 가장 중요한 기준 중 하나이다. 이는 기업이 안정적으로 운영될 수 있는지, 그리고 인수 후 가치를 창출할 수 있는 기반이 되는 요소들을 평가하는 단계이다. 주요 항목은 다음과 같다:

- **수익성(Profitability):** EBITDA, 순이익률, 영업이익률 등의 지표를 통해 대상 기업이 얼마나 수익을 내고 있는지 확인한다. 안정적이거나 꾸준히 성장하는 수익성이 있는 기업은 인수 후에도 성과를 이어나갈 가능성이 크다.

- **현금흐름(Cash Flow):** 안정적인 현금흐름을 가진 기업은 일상적인 운영 비용을 충당하고, 인수 후 추가적인 투자나 채무 상환 등을 지원할 수 있어 매력적인 인수 대상이 된다. 현금흐름이 부족한 기업은 운영에 어려움이 발생할 가능성이 높아 리스크가 클 수 있다.
- **부채 비율(Debt Level):** 기업의 부채 수준과 이를 감당할 수 있는 능력을 평가해야 한다. 자산 대비 부채 비율이 너무 높으면 인수 후 기업 운영에 재정적 부담을 줄 수 있으므로, 적정 부채 비율을 유지하고 있는지 검토한다.
- **재무제표 분석:** 재무제표를 통해 과거 몇 년간의 실적을 분석하여 매출 성장률, 비용 구조, 자본 효율성 등을 평가한다. 이를 통해 기업의 재무 상태가 얼마나 안정적인지 판단할 수 있다.

2. 성장 잠재력(Growth Potential)

인수 후 기업이 성장할 가능성은 매우 중요한 고려 요소이다. 사모펀드나 전략적 인수자는 인수 후 일정 기간 동안 기업 가치를 높여야 하므로 성장 잠재력이 높은 기업을 선호한다. 이를 평가하는 요소들은 다음과 같다:

- **시장 규모 및 성장성:** 대상 기업이 속한 시장의 성장 잠재력을 평가해야 한다. 성숙기에 접어든 산업보다 성장성이 높은 신흥 산업에 속한 기업이 더 매력적일 수 있다. 또한, 기업이 속한 시장의 현재 점유율과 해당 시장에서의 경쟁 지위를 파악해야 한다.
- **신제품 및 기술 개발 가능성:** 기업이 새로운 제품을 개발하거나 기존 제품을 개선할 가능성이 있는지, 혹은 혁신적인 기술을 보유하고 있는지 평가해야 한다. 기술적 혁신이 가능하다면 인수 후 추가적인 성장을 이끌 수 있는 중요한 요인이 된다.
- **신규 시장 진출 가능성:** 해당 기업이 기존 시장 외에 새로운 시장에 진출할

수 있는 역량이나 기회를 가지고 있는지도 고려해야 한다. 특히, 해외 시장 진출 가능성이 있는 기업은 인수 후 글로벌 확장 전략을 수립하는 데 유리하다.

3. 경쟁 우위(Competitive Advantage)

기업의 경쟁 우위는 장기적인 생존과 성장을 결정하는 중요한 요소이다. 경쟁 우위가 있다는 것은 기업이 타 경쟁자들보다 더 나은 제품이나 서비스를 제공할 수 있거나, 진입장벽이 높아 경쟁자로부터 보호받을 수 있음을 의미한다. 주요 평가 항목은 다음과 같다:

- **브랜드 가치 및 인지도:** 기업의 브랜드 파워가 강하고, 소비자나 고객들 사이에서 높은 인지도를 가진 기업은 경쟁자 대비 유리한 위치에 있다. 강력한 브랜드는 고객 충성도를 높이고, 시장 내에서의 차별화를 이끌어 낼 수 있다.
- **특허 및 지식재산권:** 기업이 보유한 특허, 저작권, 상표 등의 지식재산권은 경쟁력을 유지하고 경쟁자들이 동일한 제품이나 기술을 쉽게 모방하지 못하게 하는 강력한 무기가 된다. 이러한 보호 장치가 있는 기업은 장기적으로 경쟁 우위를 유지할 가능성이 높다.
- **고객 기반 및 계약:** 대상 기업이 안정적이고 충성도 높은 고객 기반을 가지고 있는지 평가한다. 특히, 장기 계약을 맺고 있거나 중요한 파트너십을 유지하고 있는 경우, 인수 후에도 수익이 안정적으로 발생할 가능성이 크다.

4. 경영진의 역량(Management Capability)

경영진의 역량은 인수 후 기업의 성공 여부를 크게 좌우하는 중요한 요소이다. 기존 경영진이 남아 기업을 운영할 경우, 그들의 리더십과 경험이 기업 가치를 높이는 데 중요한 역할을 할 수 있기 때문에 신중히 평가해야 한다.

- **경영진의 경험 및 성과:** 경영진이 과거에 이뤄낸 성과와 그들이 보여준 전략적 결정을 분석한다. 뛰어난 경영진이 있는 기업은 인수 후에도 안정적인 운영이 가능하다.

- **리더십과 비전:** 경영진이 기업을 장기적인 비전으로 이끌고 갈 수 있는 리더십을 가지고 있는지, 혁신적인 사고를 통해 새로운 기회를 발굴할 수 있는 능력을 갖췄는지를 평가한다.

- **기업의 조직 문화:** 경영진이 주도하는 기업의 조직 문화도 인수 후 통합 과정에서 중요한 요소가 된다. 기업 문화가 인수자의 문화와 너무 다른 경우, 통합 과정에서 마찰이 생길 수 있으므로 이를 미리 고려해야 한다.

5. 운영 효율성(Operational Efficiency)

운영 효율성이 좋은 기업은 비용 절감과 이익 창출에 유리하다. 인수 대상 기업이 얼마나 효율적으로 운영되고 있는지 분석함으로써, 인수 후 개선 가능성이 있는지, 혹은 이미 효율적인 상태인지를 파악할 수 있다.

- **비용 구조 분석:** 고정비와 변동비의 구조를 분석하여 비용 효율성을 평가한다. 만약 비효율적인 비용 구조가 있다면, 이를 개선함으로써 운영 비용을 줄일 수 있는 여지가 있는지 파악해야 한다.

- **공급망 및 생산성:** 기업이 효율적인 공급망을 갖추고 있는지, 생산성이 높은지 여부를 확인한다. 공급망이 안정적이고 효율적일수록 운영 리스크가 줄어들고, 생산성이 높은 기업은 인수 후 비용 절감을 통해 이익을 극대화할 수 있다.

- **기술 인프라:** 대상 기업이 최신 기술을 적절히 활용하고 있는지 평가해야 한다. 특히, 디지털 전환이나 자동화 기술 도입을 통해 운영 효율성을 극대화할 수 있는 가능성이 있는지 분석하는 것이 중요하다.

6. 법적 및 규제적 문제(Legal and Regulatory Issues)

법적, 규제적 요소를 사전에 검토하는 것은 필수적이다. 인수 대상 기업이 법적 문제나 규제 리스크를 가지고 있는 경우, 인수 후 큰 부담으로 작용할 수 있다.

- **규제 준수 여부:** 대상 기업이 운영하는 산업에서 중요한 규제를 잘 준수하고 있는지, 혹은 향후 예상되는 규제 변화에 대비할 수 있는지를 확인해야 한다. 예를 들어, 중요한 부분에서 환경 및 노동 관계 법령, 공정거래법 기타 규제 법률의 위반 사실이 존재하는지 검토가 필요하다.
- **법적 소송 및 리스크:** 대상 기업이 진행 중인 소송이 있거나 법적 분쟁에 휘말린 경우, 그 결과에 따라 기업의 가치를 크게 훼손할 수 있으므로 사전에 예상 우발부채의 규모를 파악하고 패소가능성을 진단해야 한다.

7. 인수 후 통합 가능성(Post-Merger Integration, PMI)

마지막으로, 인수 후 통합 가능성도 중요한 평가 기준이다. 기업 간의 통합은 단순한 소유권 이전이 아니라, 운영, 문화, 시스템, 인적 자원의 조화가 필요하다. 통합 과정에서 발생할 수 있는 문제를 예측하고, 이를 원활하게 해결할 수 있는 계획이 필요하다.

- **문화적 통합 가능성:** 타겟 기업과 인수자의 조직 문화가 얼마나 잘 맞는지 평가한다. 문화적 차이가 클 경우, 통합 과정에서 조직 내 저항이나 갈등이 발생할 수 있다.

- **시스템 및 운영 통합**: 인수 기업과 타겟 기업 간 IT 시스템, 공급망, 인적 자원 관리 등이 얼마나 쉽게 통합될 수 있는지를 평가해야 한다. 통합에 따른 추가 비용이나 시간도 고려해야 한다.

07
인수대상을 물색하는
방법 총정리

인수 대상을 물색하는 과정은 M&A(인수합병)에서 매우 중요한 첫 단계이며, 성공적인 거래의 기반을 마련하는 과정이다. 적합한 인수 대상을 찾아내기 위해서는 철저한 시장 조사와 분석이 필수적이며, 이를 위해 여러 가지 전략적 접근 방식을 사용한다. 인수 대상을 물색하는 방법에는 내부 분석과 외부 탐색을 포함한 다양한 과정이 있다. 이 과정에서 기업은 인수 후 시너지를 창출할 수 있는 회사를 선택하기 위해 체계적이고 신중하게 접근해야 한다.

인수 대상을 물색하는 주요 방법은 다음과 같다.

산업 분석과 시장 조사를 통해 특정 산업이나 분야에서 인수할 만한 기업을 탐색하는 것이 우선이다. 이 단계에서는 인수자가 진출하고자 하는 산업 내에서 경쟁 구도, 시장 성장 가능성, 주요 플레이어들의 성과 등을 분석해야 한다.

- **산업 내 유망 기업 탐색:** 인수자가 진출하거나 확대하고자 하는 시장에서

고성장 기업 또는 경쟁 우위를 가진 회사를 찾는 것이 핵심이다. 이는 성장률, 시장 점유율, 기술적 우위 등을 통해 파악할 수 있다.

- **경쟁사 분석:** 해당 산업 내 주요 경쟁자들의 동향을 파악하고, 그들 중 인수할 가능성이 있는 회사를 리스트업하는 것도 효과적인 방법이다. 특히 경쟁사의 구조적 약점이나 매각 의사가 있는 회사를 물색하는 데 집중할 수 있다.
- **PEST 분석:** 정치적(Political), 경제적(Economic), 사회적(Social), 기술적(Technological) 요인을 고려해 해당 산업의 장기적인 성장성과 리스크를 분석한다. 이 분석을 통해 특정 산업이 인수 대상 물색에 적합한지 여부를 결정할 수 있다.

01. 자문사 및 네트워크 활용에 대하여

인수 대상 기업을 물색하는 또 다른 방법은 투자은행, M&A 자문사, 회계법인 등의 전문가 네트워크를 활용하는 것이다. 이들은 M&A 시장의 전문가로서, 인수 대상을 추천하거나 매각 의향이 있는 기업을 소개할 수 있다.

- **투자은행 및 M&A 전문 자문사:** 투자은행 또는 M&A 전문 자문사는 다양한 M&A 거래를 중개하며, 기업의 매각 의향이나 인수 기회를 파악하는 데 강력한 네트워크를 가지고 있다. 인수자는 투자은행의 자문을 통해 대상 기업을 찾고 거래를 진행할 수 있다.
- **회계법인 및 법무법인:** 회계법인이나 법무법인은 대상 기업의 재무적 및 법적 상태를 평가하는 데 중요한 역할을 할 뿐만 아니라, 매각 의향을 가진 기업들과의 네트워크도 갖추고 있다.
- **컨퍼런스 및 산업 포럼:** 인수희망자는 M&A 관련 컨퍼런스나 산업 포럼에 참석하여 인수 대상을 직접 찾을 수 있다. 이러한 행사에서는 산업 내에서

활발히 활동하는 기업들과 직접적인 네트워킹을 통해 인수 기회를 탐색할 수 있다.

02. 공개 매물 탐색이란

일부 인수 대상을 물색할 때는 이미 매각 의사를 공식적으로 밝힌 공개 매물을 대상으로 하는 방법도 있다. 이는 기업이 공식적으로 매각을 결정하고 매수자를 찾고 있는 상황에서, 여러 인수자 중 하나로 입찰을 진행하는 방식이다.

- **M&A 거래소로 불리는 곳들:** 공개적으로 매물로 나온 기업들은 주로 M&A 마켓플레이스를 통해 매수자를 찾는다. 이러한 마켓플레이스에는 기업 매각을 중개하는 플랫폼이 있으며, 인수자는 이를 통해 매물 리스트를 검색하고 적합한 기업을 찾을 수 있다.
- **공개 입찰:** 매각 공고나 입찰 공고가 나온 기업들은 경쟁 입찰을 통해 매수자를 결정한다. 이러한 공개 입찰에 참여해 적합한 인수 대상을 찾는 것도 방법 중 하나이다.

03. 직접 탐색하는 방법

매각 의향이 명확히 드러나지 않은 기업을 직접 물색하는 방법도 있다. 이는 상호간의 비공식 협상을 통해 매각 의사가 없던 기업에게 매각을 제안하는 방식이다. 비공개 기업을 물색할 때는 다음과 같은 방식이 사용된다.

- **직접 접촉:** 인수 의향이 있는 기업이 특정 비공개 기업에 대해 관심을 가질 경우, 직접적으로 경영진에 접촉하여 매각 의사를 타진할 수 있다. 이를 통해 매물로 나오지 않은 우량 기업을 인수할 수 있는 기회가 생길 수 있다.

- **잠재적 매도자 식별:** 매각 의향을 공개적으로 밝히지 않은 기업이라도, 내부적으로 매각을 고려 중이거나 재정적 어려움을 겪고 있을 가능성이 있는 기업을 미리 파악해 접촉하는 전략이다. 이를 위해 산업 내 동향이나 경쟁사들의 성과를 면밀히 분석할 필요가 있다.

04. 파트너십 및 협력 관계 활용

기존의 파트너십이나 협력 관계를 활용하는 방법도 있다. 기업 간의 기존 거래 관계나 협력 관계를 통해 인수 대상을 탐색하는 것이다. 예를 들어, 공급망 내 파트너, 공동 프로젝트를 진행 중인 기업, 또는 기술 협력 기업 등 기존의 협력 관계에 있는 기업들 중에서 인수할 만한 대상이 있는지 검토할 수 있다.

- **공급업체나 유통업체 인수:** 기업이 안정적인 공급망을 확보하거나 비용 효율성을 높이기 위해 사주 사용하는 전략이다. 기존의 거래 관계가 있기 때문에 해당 기업의 운영 상태를 잘 파악할 수 있고, 인수 후 통합 과정도 원활할 수 있다.
- **기술적 파트너 인수:** 기술적으로 협력 관계에 있는 기업을 인수함으로써 기술력을 내재화하고 경쟁력을 강화할 수 있다.

인수 대상 기업을 물색하는 과정은 다양한 정보 수집과 분석을 통해 체계적으로 진행된다. 내부적으로 명확한 전략과 목표를 설정한 후, 산업 분석, 데이터베이스 활용, 전문가 네트워크 및 자문사 활용, 공개 매물 탐색, 비공개 협상 등을 통해 인수 대상을 발굴할 수 있다.

정리 | **M&A 딜 소싱을 위한 방법 요약**

산업 분석과 시장 조사

- 인수자가 진출하려는 산업 내에서 경쟁 구도, 성장 가능성 등을 분석하여 유망 기업을 탐색.

  - **산업 내 유망 기업 탐색:** 성장률, 시장 점유율, 기술적 우위를 바탕으로 고성장 기업을 파악.

  - **경쟁사 분석:** 주요 경쟁사의 동향을 분석하고, 매각 가능성이 있는 경쟁사를 리스트업.

  - **PEST 분석:** 정치적, 경제적, 사회적, 기술적 요인을 분석하여 산업의 장기 성장성과 리스크를 평가.

자문사 및 네트워크 활용

- 투자은행, M&A 자문사, 회계법인 등의 전문가 네트워크를 통해 인수 대상 기업을 탐색.

  - **투자은행 및 M&A 전문 자문사:** 투자은행이나 M&A 자문사를 통해 매각 의향이 있는 기업 탐색.

  - **회계법인 및 법무법인:** 재무적, 법적 상태를 평가하고 매각 의향이 있는 기업을 찾음.

  - **컨퍼런스 및 산업 포럼:** M&A 관련 행사에서 네트워킹을 통해 인수 대상 물색.

공개 매물 탐색

- 매각 의사를 공식적으로 밝힌 기업을 대상으로 M&A 거래소나 마켓플레이스를 통해 공개 매물을 탐색.
    - **M&A 거래소 활용**: 공개된 매물 리스트를 검색하고 적합한 기업을 찾음.
    - **공개 입찰:** 매각 공고나 입찰 공고를 통해 경쟁 입찰에 참여.

직접 탐색

- 매각 의향이 명확하게 드러나지 않은 기업을 직접 물색하는 방법.
    - **직접 접촉:** 경영진에 직접 접촉하여 매각 의사를 타진.
    - **잠재적 매도자 식별:** 재정적 어려움을 겪고 있거나 내부적으로 매각을 고려 중인 기업을 미리 파악.

파트너십 및 협력 관계 활용

- 기존의 협력 관계나 파트너십을 통해 인수 대상을 탐색.
    - **공급업체나 유통업체 인수:** 안정적인 공급망 확보를 위해 기존 거래 관계 기업을 인수.
    - **기술적 파트너 인수:** 기술 협력 관계에 있는 기업을 인수해 기술력을 내재화.

08
M&A의 구체적인 진행단계에 대해서 알아보자

M&A(인수합병) 과정은 여러 단계를 거쳐 체계적으로 진행되며, 각 단계마다 중요한 절차와 검토가 이루어진다. 일반적으로 M&A의 진행 절차는 다음과 같다.

01. 거래의향 확인

M&A의 첫 번째 단계는 대상 기업에 대한 거래의향을 확인하는 것이다. 이 단계에서 인수자는 관심 있는 기업을 탐색하고, 해당 기업의 매각 의사 또는 인수 가능성을 타진한다. 이를 위해 인수자는 비공식적으로 의사를 타진하거나 중개인을 통해 접촉하기도 한다. 매도자는 적절한 시점에 거래를 진행할지 여부를 판단하며, 여기서 협상의 첫 단계가 시작된다.

02. 비밀유지각서(Non-Disclosure Agreement, NDA) 체결

거래의향을 확인한 후, 거래가 진행될 가능성이 있으면 인수자는 매도자와 비밀유지각서(NDA)를 체결한다. 이 각서는 양 당사자 간에 공유되는 중요한 정보가 외부에 유출되지 않도록 보호하기 위한 법적 문서다.

M&A 과정에서는 기업의 재무 정보, 영업 비밀 등이 교환되기 때문에 비밀유지각서는 필수적이다. 이 단계에서 정보 제공의 범위와 방식 등이 구체적으로 정해진다.

03. 예비적 제안

비밀유지각서 체결 후 인수자는 대상 기업의 주요 정보(재무제표, 사업 현황 등)를 검토하고, 그에 따라 예비적 제안을 한다. 이는 아직 확정된 최종 제안이 아니며, 대략적인 인수 가격과 조건을 제시하는 단계다. 매도자는 이 제안을 바탕으로 협상을 진행할지 여부를 결정한다. 이때 주요 거래 조건이 논의되고, 양 당사자는 거래 진행에 대한 확신을 높여간다.

04. 텀싯(Term Sheet) 체결

협상이 어느 정도 진척되면 양측은 거래의 기본적인 틀을 정리한 텀싯을 체결한다. 텀싯은 본 계약의 기초가 되는 문서로, 주요 거래 조건과 인수 가격, 지분율, 결제 방식 등 중요한 사항들이 포함된다. 이 문서는 법적 구속력이 없으나, 양측이 구체적인 계약 협상으로 들어가기 위한 기초를 마련하는 중요한 문서다.

05. 실사

텀싯 체결 이후에는 인수자가 매도자의 기업에 대해 본격적인 실사를 진행한다. 실사는 법무, 재무, 세무, 영업 등 다양한 분야에서 기업의 현황을 면밀히 조사하는 과정이다. 이 과정에서 기업의 장부, 계약서, 소송 위험, 지식재산권 등의 내용을 상세히 검토하여 인수 시 잠재적인 리스크를 파악하고 이를 협상에 반영한다. 실사의 결과에 따라 거래 조건이 조정될 수 있으며, 경우에 따라 거래 자체가 철회될 수도 있다.

06. 본계약 체결

실사 과정이 완료되면 양측은 최종적으로 본계약을 체결하게 된다. 본계약은 실사 결과에 따라 수정된 거래 조건을 바탕으로 작성되며, 법적 구속력을 가지는 최종 문서다. 본계약에는 인수 가격, 결제 방식, 거래 종료 조건, 매도자와 인수자의 책임과 의무 등이 구체적으로 명시된다. 이 단계에서 주주총회나 이사회 승인 등이 필요할 수 있으며, 법률적 절차도 함께 진행된다.

07. 종결(클로징)

본계약 체결 후 마지막 단계는 클로징이다. 클로징은 거래가 공식적으로 완료되는 시점으로, 인수자는 매도자에게 대금을 지불하고, 매도자는 인수자에게 보유중인 타겟 기업의 지분을 양도하게 된다. 클로징 과정에서는 거래 대금의 지급, 주식의 소유권 이전, 거래 종결을 위해 요구되는 필요적 정부승인이 모두 이루어진다. 클로징 후, 인수자는 정식으로 기업의 경영권을 인수하며 M&A가 완료된다.

이와 같이 M&A 과정은 각 단계마다 신중한 검토와 협상이 이루어지며, 복잡한 절차와 법적 요건을 충족해야 하는 중요한 작업이다.

09
오너에게 있어서 투자유치와 M&A시 고민할 것들

 M&A(인수합병)와 투자유치 사이에서 고민하는 이유는 회사의 성장 전략, 통제권 유지, 재정 상태, 그리고 사업 목표 등이 서로 다르기 때문이다. M&A는 회사를 빠르게 확장하고, 특정 시장에서 경쟁력을 강화하기 위한 전략이다.

 M&A를 통해 기술, 고객 기반, 시장 점유율, 인재 등을 한 번에 확보할 수 있지만, 인수 후 통합 과정에서 발생할 수 있는 문화적, 운영적 문제가 존재할 수 있다. 반면, 투자유치는 자율적인 성장을 원하지만 자본이 부족한 경우에 선택하는 방법이다. 외부 자본을 유치해 기존 사업을 확장하거나 새로운 프로젝트를 추진할 수 있으나, 투자자가 회사 경영에 일정 부분 개입할 가능성이 있으며, 장기적으로 추가적인 투자 라운드나 기업공개(IPO)로 이어질 가능성이 크다.

 또한, M&A는 통제권과 경영 측면에서 중요한 영향을 미친다. 회사를 매각할 경우 창업자나 기존 경영진은 통제권을 상실할 가능성이 크며, 새로운 경영진이 사업 방향을 변경할 수 있다. 반면, 투자유치의 경우 지분이 분산되더라도 대주주의 지위를 유지하면 경영 통제권을 계속 보유할 수 있다.

　자금 확보 및 리스크 관리 측면에서도 M&A와 투자유치는 서로 다른 이점을 제공한다. M&A는 회사를 매각하여 대규모 자금을 단번에 확보할 수 있으며, 이를 통해 개인 자산을 증대하거나 새로운 도전을 할 수 있는 기회를 제공한다. 투자유치를 통해서는 회사가 지속적으로 성장할 수 있는 재정적 뒷받침을 받게 되지만, 회사의 가치가 시간이 지나면서 변동할 수 있으므로, 이에 따른 리스크를 관리해야 한다.

　마지막으로, 시장 상황에 따라 M&A와 투자유치의 유리함이 달라질 수 있다. M&A는 시장에서 회사가 매력적인 매물로 평가받을 때, 특히 경쟁자나 대기업이 관심을 보일 때 좋은 선택이 될 수 있다. 반면 투자유치는 투자 환경이 좋을 때, 즉 자본이 활발하게 유입되고 투자자들이 낙관적인 경우에 더욱 적합할 수 있다.

　따라서 M&A와 투자유치의 선택은 회사의 성장 전략, 경영 통제권, 자금 확보, 그리고 시장 기회 등을 종합적으로 고려한 결정이 되어야 한다.

　투자유치를 받기 위해서는 회사의 성장 단계와 성격에 맞는 적절한 투자자와 기관을 선택하고 그에 맞는 전략을 수립하는 것이 중요하다. 투자유치는 초기 스타트업부터 중견기업에 이르기까지 다양한 규모와 단계에서 필요하며, 투자자의 유형에 따라 투자 조건과 기대가 다르기 때문에 이를 잘 이해하고 접근해야 한다.

01. 투자유치 전략은 어떻게 될까?

투자유치를 위한 전략은 먼저 회사의 가치를 명확히 정의하고, 성장 가능성, 경쟁력, 그리고 시장에서의 위치를 투자자에게 효과적으로 전달하는 데 집중해야 한다. 투자자는 주로 회사의 미래 성장 가능성과 리스크를 평가하므로, 명확한 비전과 이를 실현할 수 있는 실행 계획을 제시하는 것이 중요하다. 다음으로, 투자자를 설득할 수 있는 핵심 성과지표(KPI)와 재무 성과를 준비해야 한다. 특히 초기 단계에서는 사용자 성장, 시장 점유율 확대, 매출 증대 등 구체적인 데이터와 성과를 통해 신뢰를 구축해야 한다.

또한, 투자 유치의 목적과 자금 사용 계획을 명확히 설명하는 것도 필수적이다. 자금을 어떻게 활용할 것인지, 이를 통해 어떤 목표를 달성할 수 있는지에 대한 구체적인 계획을 제시하면 투자자의 신뢰를 얻을 수 있다. 마지막으로, 투자자 네트워크를 활용하여 적절한 투자자를 찾고 지속적으로 관계를 맺는 것이 중요하다. 이를 위해 기업 행사나 벤처 네트워크를 통해 투자자들과 연결하고, 소개를 받거나 피치 행사를 통해 적극적으로 홍보하는 것이 필요하다.

02. 투자유치를 받을 수 있는 기관은?

투자유치는 회사의 단계와 필요에 따라 여러 곳에서 받을 수 있으며, 주요 투자자와 기관은 다음과 같다.

- **엔젤 투자자 (Angel Investors):** 초기 스타트업에 자금을 투자하는 개인 투자자들로, 주로 창업 초기에 필요 자금을 제공하며, 소액 투자를 하는 경우가 많다. 이들은 종종 창업자의 네트워크를 통해 연결되거나, 피칭 행사에서 만날 수 있다.

- **액셀러레이터 및 인큐베이터:** 초기 스타트업에 자금을 제공하며, 경영 멘토링과 네트워킹, 사무 공간 등을 지원하는 프로그램을 운영하는 기관이다. 예를 들어, 와이 콤비네이터(Y Combinator)나 테크스타즈(Techstars) 같은 액셀러레이터는 스타트업이 빠르게 성장할 수 있도록 초기 자금을 제공하고, 시장 진출을 도와준다.

- **벤처 캐피탈 (Venture Capital, VC):** 성장 가능성이 높은 스타트업이나 중견기업에 투자하는 전문 투자 회사이다. VC는 큰 자본을 투자할 수 있으며, 초기 라운드(시드 단계)부터 성장 단계에 있는 기업까지 다양한 단계의 기업에 투자한다. 또한, 경영 조언 및 네트워킹 지원을 제공하기도 한다.

- **사모펀드 (Private Equity, PE):** 성숙 단계에 있는 기업이나 대기업에 투자하는 경우가 많으며, 기업 인수 및 구조조정 등을 통해 기업 가치를 높이는 것을 목표로 한다. 주로 중견기업이나 대기업이 대상이며, 대규모 자본을 필요로 하는 경우 PE로부터 자금을 유치할 수 있다.

- **정부 지원 및 공공 기관:** 각국 정부는 스타트업과 중소기업의 성장을 지원하기 위한 다양한 프로그램과 자금 지원 정책을 운영한다. 한국에서는 중소벤처기업부의 정책 자금이나 창업진흥원의 창업 지원 프로그램이 대표적인 예다. 이러한 자금은 상환 부담이 적고, 기업 성장을 지원하는 목적의 자금이기 때문에 조건이 비교적 유리할 수 있다.

- **크라우드 펀딩 (Crowdfunding):** 온라인 플랫폼을 통해 다수의 소액 투자자들로부터 자금을 유치하는 방식이다. 킥스타터(Kickstarter), 인디고고(Indiegogo) 같은 크라우드 펀딩 플랫폼은 주로 제품을 제작하는 초기 단계의 스타트업에게 유리하며, 자금뿐만 아니라 제품의 시장성도 테스트할 수 있는 장점이 있다.

- **은행 및 금융 기관:** 회사의 재무 안정성을 바탕으로 대출이나 금융 상품을 제공하는 기관이다. 기업이 안정적인 수익 모델을 갖추고 있다면 은행으로부터 자금을 대출받을 수 있지만, 초기 스타트업에게는 까다로운 조건이 따를 수 있다.

투자유치의 성공 여부는 기업의 성장 잠재력, 시장에서의 경쟁력, 그리고 투자자와의 신뢰 관계에 달려 있으며, 이러한 다양한 기관과 전략을 고려해 적절한 파트너를 찾는 것이 중요하다. 이에 대한 구체적인 절차와 전략에 대해서는 전문가들의 조력을 받는 것이 훨씬 효율적이다.

참고

M&A 절차에서
각 전문가들의 역할

01. 공인회계사의 재무적 어드바이스

M&A(인수합병)를 진행하는 과정에서 공인회계사는 매우 중요한 역할을 한다. 그들은 M&A의 전 과정에서 재무적, 회계적 측면을 전문적으로 지원하며, 기업 가치를 평가하고, 재무 리스크를 분석하는 핵심적인 역할을 맡는다. 공인회계사의 주요 역할은 크게 세 가지로 나뉜다. 기업 가치 평가, 재무 실사(Due Diligence), 그리고 세무 및 회계 자문이다.

첫째, 기업 가치 평가(Valuation)는 M&A 과정에서 중요한 첫 단계이다. 공인회계사는 인수 대상 기업의 자산, 부채, 매출, 이익 등 재무제표를 분석하여 기업의 가치를 평가한다. 이를 통해 합리적인 인수 가격이 산정되며, 협상 과정에서 중요한 참고자료로 사용된다. 정확한 기업 가치 평가는 매수자와 매도자 모두에게 신뢰를 제공하고, M&A 계약의 성공을 좌우할 수 있다.

둘째, 재무 실사(Due Diligence) 과정에서 공인회계사는 인수 대상 기업의 재무 상태와 운영 리스크를 면밀히 분석한다. 실사를 통해 기업이 보유한 자산과 부채, 현금 흐름, 수익성, 잠재적인 재무적 문제 등 다양한 재무적 요소를 파악하여, 매수자가 인수 후 직면할 수 있는 리스크를 사전에 방지할 수 있도록 돕는다. 이 과정에서 회계사는 재무적 허점이나 잠재적 문제를 찾아내고, 매수자가 이를 협상에서 반영할 수 있도록 하는 역할을 한다.

셋째, 세무 및 회계 자문도 공인회계사의 중요한 역할 중 하나이다. M&A는 기업 구조와 세무적 구조에 큰 변화를 가져올 수 있기 때문에, 세금 효율성을 극대화하고 법적 문제를 방지하기 위해 적절한 세무 전략을 수립하는 것이 중요하다. 공인회계사는 M&A 과정에서 발생하는 세금 문제를 분석하고, 거래 구조를 설계하여 세금 부담을 최소화하는 데 기여한다. 또한, 인수 후의 회계 통합 과정에서 새로운 회계 기준을 설정하고, 인수 기업의 재무제표를 새로 작성하는 데 있어 중요한 조언을 제공한다.

결론적으로, M&A에서 공인회계사는 재무 분석과 기업 가치 평가, 재무 실사, 세무 및 회계 자문 등을 통해 M&A가 성공적으로 이루어질 수 있도록 지원하며, 재무적 리스크를 줄이고 최적의 거래 조건을 확보하는 데 핵심적인 역할을 한다.

02. 법적인 리스크를 제거하는 변호사

M&A(인수합병) 절차에서 변호사는 법률적 측면을 총괄하며, 거래가 법적 요건에 맞게 진행되고, 법적 리스크가 최소화되도록 지원하는 중요한 역할을 담당한다. 변호사의 역할은 주로 거래 전 과정에서의 법률 자문, 법률 실사(Legal Due Diligence), 거래 구조 설계, 계약서 작성 및 협상 지원으로 나눌 수 있다.

첫째, 법률 자문은 M&A 전 과정에서 변호사가 수행하는 기본적인 역할이다. 변호사는 M&A 거래가 법적으로 적합한 방식으로 진행되도록 자문을 제공한다. 거래 진행의 전 과정이 규제 법령 등에 적합하도록 이루어질 수 있도록 지원하여 거래의 적법성을 보장하는 것이 핵심이다.

둘째, 법률 실사(Legal Due Diligence)는 인수 거래 과정에서의 법률적 고려사항, 타겟 기업이 통상적인 사업 운영 과정에서 법령을 적절히 준수하고 있는지 여부 및 미준수에 따른 우발부채의 발생가능성을 검토하는 과정으로, 변호사는 타겟 기업의 지배구조, 인허가 등 각종 정부승인, 체결중인 영업계약, 주요 자산(지식재산권 포함)과 부채, 노동, 진행중인 소송의 우발부채 등 법률상 문제될 수 있는 모든 측면을 검토한다. 이를 통해 매수자는 의도하는 거래 구조를 달성할 수 있는지 확인할 수 있고, 잠재적인 법적 리스크와 우발부채의 규모를 파악할 수 있으며, 변호사는 식별되는 리스크의 중요성에 따라 거래 중단 여부를 결정하거나, 협상 절차에서 매매대금에 반영하도록 지원하며, 자체 시정이 가능한 위반사항에 대하여는 PMI 계획을 제시하기도 한다.

셋째, 거래 구조 설계도 변호사의 핵심 역할 중 하나이다. 변호사는 공인회계사 등과 협업하여 각 거래구조 검토안에 따라 발생가능한 세금의 규모를 비교하여 가장 경제적인 거래구조를 선택할 수 있도록 지원하고, 실사과정에서 파악된 법률 이슈를 고려하여 최적의 거래 구조를 제안한다. 특히 일반적인 주식양수도가 아닌 합병, 영업양수도, 포괄적 주식교환·이전과 같이 상법에서 허용하는 조직법상 행위가 포함되거나 이러한 절차를 통한 거래를 고려하는 경우에는 각 방안별 소요 기간, 절차, 예상 현금유출의 규모(예컨대 주식매수청구권 절차가 예정된 경우) 등을 종합적으로 살펴 법률적, 재무적으로 가장 합리적인 거래 구조를 설계할 수 있도록 조언한다. 아울러, 타겟 기업이 상장회사거나 특수한 규제산업에 해당하는 경우에는 각종 거래소 규정과 자본시장법령을 비롯한 규제 법령을 위반하지 않도록 지원한다.

넷째, 계약서 작성 및 협상 지원은 변호사의 가장 중요한 역할이다. M&A의 각 절차마다 다양한 법률 문서의 작성이 요구되며, 변호사는 거래 양 당사자의 의견을 조율하여 각종 법률 문서를 작성한다. 특히 주식양수도 거래의 경우 주식양수도 계약서(Share Purchase Agreement, SPA)를 작성하여야 하는데 법률 뿐만 아니라 회계, 재무, 세무 등 각 분야 전문가들의 검토 결과를 총 망라하여 SPA에 반영하여야 하며, 거래 종결을 위한 선행조건, 거래 종결 전 후 각 당사자들에게 요구되는 확약 사항, 계약 위반 사항 발생시 손해배상, 해지 등 계약의 구속력에서 벗어나기 위한 요건과 책임 등이 충실히 포함된 계약서를 작성하여 거래 당사자의 이익을 도모한다.

결론적으로, M&A 절차에서 변호사는 거래가 법적 리스크 없이 원활하게 진행될 수 있도록 법률적 자문을 제공하며, 법률 실사, 거래 구조 설계, 계약서 작성 및 협상 지원을 통해 대리인인 거래 당사자의 이익을 보호하고 거래를 성공적으로 마무리할 수 있도록 돕는 핵심적인 역할을 수행한다.

03. 부동산 등을 보유한 법인에 특화된 감정평가사의 조력

M&A(인수합병) 과정에서 감정평가사는 주로 인수 대상 기업의 자산 가치를 객관적으로 평가하는 역할을 수행한다. 감정평가사는 부동산, 기계 및 설비, 지식재산권 등 물리적 자산뿐만 아니라, 비물리적 자산의 가치를 평가하여 M&A 거래에 필요한 데이터를 제공하고, 매수자와 매도자 간의 거래가 공정하게 이루어질 수 있도록 돕는다. 주요 역할은 자산 가치 평가, 공정한 시장 가치 산정, 재무 실사 지원, 그리고 잠재적 리스

크 평가로 구분할 수 있다.

첫째, 자산 가치 평가는 감정평가사의 가장 기본적인 역할이다. 인수 대상 기업이 보유한 자산, 특히 부동산, 공장, 기계 장비, 특허 등 유형 자산의 가치를 산정하는 것이 주요 업무이다. 감정평가사는 시장 데이터를 기반으로 자산의 현재 시장 가치를 평가하며, 이를 통해 매수자와 매도자가 인수 가격을 합리적으로 설정할 수 있도록 한다. 기업이 보유한 자산의 가치는 인수 가격 결정에 큰 영향을 미치기 때문에 정확한 자산 평가가 매우 중요하다.

둘째, 공정한 시장 가치(Fair Market Value) 산정 역할을 한다. 감정평가사는 자산이 시장에서 어느 정도의 가치를 가지는지를 객관적으로 평가해 공정한 시장 가치를 제공한다. 이 평가를 통해 인수 대상 기업의 자산이 과대 또는 과소평가되지 않도록 하며, 매수자와 매도자 간에 공정한 거래가 이루어질 수 있도록 돕는다. 이는 특히 부동산이나 특허와 같은 자산의 경우, 시장 가치와 장부 가치 사이에 차이가 있을 수 있기 때문에 매우 중요한 역할이다.

셋째, 재무 실사(Due Diligence) 과정에서의 지원이다. M&A의 재무 실사 과정에서 감정평가사는 기업의 자산과 관련된 모든 정보를 제공한다. 이를 통해 매수자는 기업의 자산 상태를 정확히 파악할 수 있으며, 인수 후 자산 활용 계획을 수립하는 데 도움을 받을 수 있다. 감정평가사가 제공하는 자료는 매수자가 인수 후의 비용, 유지 보수, 자산 가치 상승 또는 하락 가능성 등을 예측하는 데도 중요한 역할을 한다.

넷째, 잠재적 리스크 평가 역할도 수행한다. 감정평가사는 자산이 보유한 잠재적 리스크를 평가하는 데도 기여할 수 있다. 예를 들어, 부동산의 경우 위치나 주변 환경에 따라 자산의 가치가 영향을 받을 수 있고, 기계나 설비는 노후화나 유지보수 비용이 발생할 수 있다. 감정평가사는 이러한 요소들을 사전에 파악하여 매수자에게 미리 경고하고, 이를 협상에 반영할 수 있도록 돕는다.

결론적으로, M&A 과정에서 감정평가사는 기업 자산의 객관적인 가치를 산정하고, 공정한 시장 가치를 제공하며, 재무 실사 과정에서 자산 관련 정보를 제공함으로써 매수자와 매도자가 합리적이고 공정한 거래를 할 수 있도록 지원하는 핵심적인 역할을 한다. 감정평가사의 정확한 평가 결과는 인수 가격 결정과 거래의 성공에 큰 영향을 미친다.

10
M&A 중개기관을 통하는 것이 합리적인 이유

　M&A(인수합병) 중개기관은 M&A 과정에서 중요한 역할을 하며, 매수자와 매도자가 성공적인 거래를 성사시키는 데 필수적인 파트너로 작용한다.

　중개기관은 거래 기회를 발굴하고, 적절한 매수자와 매도자를 연결하는 것부터 시작해, 협상 과정에서 양측의 이해관계를 조율하고, 거래 구조를 설계하며, 법적, 재무적 리스크를 관리하는 등 다양한 역할을 수행한다. M&A는 복잡한 법적, 재무적, 그리고 전략적 요소가 얽힌 과정이기 때문에, 전문적 지식과 경험을 가진 중개기관의 조언과 지원은 매우 중요하다. 특히, M&A 거래는 양측의 입장 차이가 클 수 있기 때문에 이를 효과적으로 중재하고 합리적인 거래 조건을 도출하는 데 중개기관의 역량이 큰 영향을 미친다.

　중개기관의 주요 역할 중 하나는 "거래 기회 발굴"이다.

　중개기관은 광범위한 네트워크와 시장 정보에 기반해, 적합한 매수자와 매도자를 찾아 연결해준다. 이는 기업 내부에서 쉽게 접근할 수 없는 잠재적 거래 기회를 포착하는 데 매우 유리하다.

또한, "협상" 및 "구조화 과정"에서도 중개기관의 역할은 중요하다. 매수자와 매도자 간의 이해관계가 충돌할 때, 중개기관은 중재자로서 양측의 입장을 조율하고, 공정한 거래가 이루어질 수 있도록 협상을 이끌어낸다. 동시에 거래 구조를 설계할 때는 세금 문제, 법적 요건, 자금 조달 방식 등을 고려하여 최적의 구조를 제안함으로써 거래의 리스크를 최소화한다.

"리스크 관리" 역시 중개기관의 핵심 역할이다. M&A는 대규모 자본이 투입되는 복잡한 거래인 만큼, 법적, 재무적, 그리고 운영적 리스크가 항상 존재한다. 중개기관은 이러한 리스크를 사전에 파악하고, 이를 거래 과정에 반영하여 매수자와 매도자가 예기치 못한 손실을 입지 않도록 관리하는 역할을 한다.

중개기관의 역량에 따라 결과의 차이는 극명하다

중개기관의 역량에 따라 거래 당사자들의 이익이 크게 달라질 수 있다는 점을 실질적인 사례로 설명할 수 있다. 예를 들어, 한 대기업이 경쟁사 인수를 검토하고 있었는데, 이 과정에서 M&A 중개기관 A와 B의 역량 차이로 인해 각기 다른 결과를 얻게 되었다.

대기업이 처음 협상에 나설 때 중개기관 A는 해당 산업과 기업에 대한 깊이 있는 이해가 부족했고, 타겟 기업의 가치를 과대평가한 상태에서 협상을 진행했다. 그 결과, 매수자는 실제 가치보다 높은 가격에 인수 계약을 체결하게 되었고, 이후 인수 후 통합 과정에서 발생한 재정적 어려움으로 인해 상당한 손실을 입게 되었다. 또한, 중개기관 A는 리스크 관리에도 소홀하여, 매수 기업이 인수한 자산 중 일부가 법적 분쟁에 얽혀 있는 상황을 미처 파악하지 못했다. 이는 거래 완료 후 예상치 못한 법적 문제로 이어졌고, 추가적인 비용과 시간이 소요되었다.

반면, 다른 거래에서 중개기관 B는 해당 산업과 기업의 재무 상태를 철저히 분석하고, 적절한 기업 가치를 제시함으로써 매수자가 합리적인 가격에 거래를 성사시킬 수 있도록 도왔다. 또한, 중개기관 B는 세금 및 법적 구조를 세심하게 설계하여, 매수 기업이 인수 후 통합 과정에서 법적, 세무적 리스크를 최소화할 수 있도록 지원했다. 이로 인해 매수자는 원활하게 인수 후 통합을 마치고, 예상보다 빠르게 시너지 효과를 실현하게 되었다.

이 사례는 중개기관의 역량에 따라 M&A 거래의 성패가 크게 달라질 수 있음을 보여준다. 중개기관이 거래 기회를 발굴하고, 적절한 거래 구조를 제안하며, 협상을 효과적으로 이끌어내는 능력에 따라 매수자와 매도자는 거래에서 얻을 수 있는 이익을 극대화하거나, 반대로 불리한 조건에 처할 수 있다. M&A 중개기관은 단순히 매수자와 매도자를 연결하는 역할을 넘어서, 거래의 전반적인 성공을 좌우하는 핵심적인 역할을 한다.

11
M&A로 인한 분쟁이 발생하면 어떻게 대응해야 할까

변호사로서 혹은 회계사로서 M&A과정에서 수많은 분쟁을 마주하게 된다.

M&A(인수합병) 과정에서 분쟁이 발생하면 다양한 원인과 상황에 따라 대응 방식이 달라진다. 분쟁은 주로 인수 후 통합 과정, 계약 조건 불이행, 재무 실사에서의 문제, 비밀 유지 의무 위반, 그리고 경영권 및 직원 이슈 등 여러 요인으로 발생할 수 있다. 이러한 분쟁이 발생할 경우, 당사자들은 적절한 대응과 해결책을 마련해야 한다. 다음은 M&A 과정에서 발생할 수 있는 분쟁 유형과 그에 따른 대응 방안에 대한 사례들이다. 아주 간략하게만 소개하겠다.

01. 재무 실사(Due Diligence) 과정에서 발생하는 분쟁

예를 들어, A사가 B사를 인수하는 과정에서 재무 실사를 진행하던 중, B사의 재무 상태에 대한 정보가 정확하지 않다는 사실을 알게 되었다. B사가 이전에 제공한 재무 정보와 실사 과정에서 발견된 정보 간에 큰 차이가 있었고, 부채나 잠재적 법적 책임 등이 누락된 것을 발견했다. 이로 인해 A사는 거래 진행 여부에 대한 재고를 해야 했다.

 이러한 경우, 가장 먼저 할 일은 재무 실사 결과를 토대로 매도자에게 정확한 정보 제공을 요청하는 것이다. 만약 의도적인 정보 누락이나 허위 정보가 있었다면, 계약을 취소하거나, 재협상을 통해 매수 조건을 변경할 수 있다. 분쟁이 심화될 경우 법적 조치를 취할 수도 있지만, 협상을 통해 해결하려는 노력이 우선되어야 한다. 때로는 계약서에 명시된 진술 및 보장조항에 따라 매도자가 책임을 지는 방법으로 해결될 수 있다.

02. 계약 조건 불이행으로 인한 분쟁

 또 다른 사례로, C사가 D사를 인수한 후, D사가 인수 계약서에 명시된 일부 계약 조건을 이행하지 않았다는 사실을 알게 되었다. 예를 들어, 특정 자산의 인수 후 유지 보수와 관련된 조항이 제대로 이행되지 않았고, D사가 약속한 경영진의 잔류 조건도 지켜지지 않았다.

 이 경우, 매수자는 계약 조건 불이행을 근거로 법적 구제 조치를 취할 수 있다. 계약서에 명시된 위약금이나 손해배상 조항을 통해 보상을 청구할 수 있으며, 이행되지 않은 부분에 대해 매도자와 협상해 추가 보상을 요구할 수도 있다. 또한, 문제 해결을 위해 중재나 조정을 통한 분쟁 해결 절차를 고려할 수 있다.

03. 비밀 유지 및 경업 금지 의무 위반으로 인한 분쟁

 비밀 유지 및 경업금지 의무 위반은 매우 자주 발생하는 사례 중 하나이다. E사가 F사를 인수한 후, F사의 전 경영진이 경쟁 업체로 이직하면서 인수 당시 약속한 비밀 유지 및 경쟁 금지 조항을 위반했다. 이로 인해 F사의 중요한 기술과 전략 정보가 경쟁사에 유출되었고, E사는 큰 손실을 입었다.

이런 상황에서는 계약서에 명시된 비밀 유지 및 경쟁 금지 조항을 근거로 법적 대응을 해야 한다. 매수자는 해당 전 경영진을 상대로 소송을 제기할 수 있으며, 손해배상을 청구할 수 있다. 또한, 법원 명령을 통해 정보 유출을 막고, 경쟁 활동을 금지할 수 있다. 이러한 분쟁은 빠르게 대응하지 않으면 피해가 확대될 수 있으므로, 즉각적인 법적 조치가 필요하다.

04. 인수 후 통합 과정에서의 경영권 분쟁

마지막 단계로, G사가 H사를 인수한 후, 인수 당시 경영진과 매수자 간의 경영권 문제로 갈등이 발생했다. 인수 전 합의된 경영권 이양 계획이 원활히 진행되지 않았고, 이전 경영진이 새로운 경영 방향에 반발하며 분쟁이 심화되었다.

이 경우, 매수자는 계약서에 명시된 경영권 이양 조항을 근거로 경영권을 주장할 수 있으며, 협상 테이블로 돌아가 합의된 경영 계획을 실행하도록 요구할 수 있다. 그러나 이러한 분쟁은 회사 운영에 지장을 줄 수 있으므로, 빠른 해결이 필요하다. 중재나 조정을 통해 양측의 입장을 조율하는 것도 한 방법이며, 심한 경우 경영권에 대한 법적 소송으로 이어질 수 있다.

05. 인수 후 성과 미달로 인한 분쟁

종종 성과에 따른 매각대금 조정 등의 조건을 걸거나 없던 리스크가 발생하는 경우가 있다. 일례로, I사가 J사를 인수한 후, 예상했던 성과가 나오지 않았고, J사의 수익성이 계약 시점에 제공된 정보보다 현저히 낮았다. I사는 J사가 인수 전 재무 상태를 과대평가했다고 주장하며 손해배상을 요구했다.

이러한 상황에서는 성과 연계 계약(Earn-out) 조항이나 진술 및 보증 조항이 분쟁 해결의 기준이 된다. 계약서에 성과 목표와 그에 따른 지급 조건이 명확하게 정의되어 있다면, 매수자는 이를 근거로 추가적인 보상을 요구하거나 지급을 보류할 수 있다. 혹은 매수자는 매도자를 상대로 진술 및 보증 조항 위반을 이유로 한 손해배상 등 법적 구제수단을 청구할 수 있으며, 중재를 통해 분쟁을 해결할 수도 있다.

M&A 과정에서 분쟁이 발생하면, 우선적으로 계약서에 명시된 조항을 토대로 협상이나 중재를 통해 문제를 해결하려는 노력이 필요하다. 그러나 협상이 실패할 경우 법적 조치나 소송으로 이어질 수 있으며, 이때 법적 대응의 강도가 중요하다. 분쟁을 미리 방지하기 위해서는 철저한 계약서 작성, 정확한 실사, 그리고 분쟁 해결을 위한 명확한 절차를 계약서에 포함시키는 것이 중요하다.

12

적대적 M&A에 대한 경영권 방어

적대적 M&A에 대하여 기존 지배주주의 경영권 방어 이슈는 그 회사의 주가를 급등시키는 사유 중에 하나다. 적대적 M&A시도로 인해 경영권 분쟁이 발생하면 경영권을 방어하기 위해 기존 주주들 설득하거나, 법적인 대응 등을 하기 위해 치밀한 준비가 필요하며, 이때 M&A 전문가의 도움이 특히 필요하다.

적대적 M&A는 외부 투자자가 기업의 경영진이나 오너의 동의 없이 회사를 인수하려는 시도로, 이는 기업의 경영권을 위협할 수 있다. 이러한 상황에서 기업의 오너는 다양한 방어 전략을 통해 경영권을 보호하려 한다. 적대적 M&A 방어 전략은 주로 기존 지배주주의 지배권을 유지하고, 적대적 인수자가 경영권을 쉽게 장악하지 못하도록 방어하는 데 초점을 맞춘다. 각 전략의 구체적인 내용과 성공 사례를 통해 적대적 인수 방어 방법을 설명할 수 있다.

01. 포이즌 필 (Poison Pill)

포이즌 필은 적대적 인수자가 일정 비율 이상의 지분을 매입하려 할 때,

기존 주주들에게 할인된 가격으로 추가 주식을 매입할 수 있는 권리를 부여하는 전략이다. 이 전략은 인수자의 지분 비율을 희석시키고 인수 비용을 높여 인수 의도를 포기하게 만든다. 다만, 현재 국내에서는 허용되지 않는 방어수단으로 이해하는 견해가 지배적이다.

넷플릭스(Netflix) 사례 : 2012년, 칼 아이칸(Carl Icahn)이 넷플릭스의 지분을 10% 이상 매입하며 경영권 위협이 발생했다. 넷플릭스는 포이즌 필을 도입해, 기존 주주들이 주식을 싸게 살 수 있는 권리를 부여했다. 이를 통해 아이칸의 인수 비용이 급격히 증가하였고, 결국 적대적 인수 시도는 무산되었다. 포이즌 필 전략은 적대적 인수자가 경영권을 쉽게 장악하지 못하도록 하는 강력한 방어 수단이다.

02. 백기사 (White Knight)

백기사 전략은 적대적 인수를 막기 위해 우호적인 제3자가 회사를 인수하도록 유도하는 방식이다. 이를 통해 적대적인 인수자 대신 친화적인 인수자가 회사를 인수하게 되며, 경영권 보호를 유지할 수 있다. 국내에서는 수로 회사가 보유중인 자기주식을 우호적인 제3자에게 처분하는 방식으로 이루어진다.

야후(Yahoo) 사례: 2008년, 마이크로소프트(Microsoft)가 야후(Yahoo)에 대한 적대적 인수를 시도했다. 야후는 이를 저지하기 위해 구글(Google)과 협력하여 백기사 전략을 활용했다. 구글은 야후와의 광고 제휴를 제안하면서 마이크로소프트의 인수 시도에 맞섰다. 이로 인해 마이크로소프트의 인수 시도는 약화되었고, 결국 야후는 적대적 인수에서 벗어날 수 있었다.

03. 황금 낙하산 (Golden Parachute)

황금 낙하산은 경영진이 적대적 인수로 인해 해고될 경우, 막대한 퇴직금을 받는 계약을 체결하는 전략이다. 이로 인해 인수자가 경영진을 교체하려 할 때 해고 비용이 크게 증가하므로, 인수 자체가 비경제적으로 변한다.

타임 워너(Time Warner) 사례: 타임 워너는 1989년 파라마운트(Paramount)의 적대적 인수 위협에 직면했을 때 황금 낙하산 전략을 도입했다. 회사의 주요 경영진들은 적대적 인수로 해고될 경우, 상당한 금액의 퇴직금을 받을 수 있는 계약을 체결했다. 이로 인해 파라마운트는 인수 비용이 급격히 증가했고, 인수를 포기하게 되었다.

04. 자사주 매입 (Share Buyback)

자사주 매입은 기업이 자사주를 매입하여 적대적 인수자가 추가 지분을 확보하지 못하게 하거나, 적대적 인수자의 공개매수를 방해하는 등 방법으로 경영권을 장악하는 것을 막는 전략이다. 이를 통해 적대적 인수자의 매수에 필요한 자금을 증대시킨다.

이베이(eBay) 사례: 2014년, 이베이는 투자자인 칼 아이칸이 분할을 요구하면서 경영권에 위협을 가하자 자사주 매입 프로그램을 도입했다. 이를 통해 회사는 자사주를 매입해 주주들에게 배당을 제공하는 동시에, 아이칸이 추가 지분을 확보하지 못하도록 방어했다. 다만, 우리 상법은 자사주 매입시 주주평등의 원칙을 준수할 것을 엄격히 요구하고 있는바, 자사주 매입만으로 적대적 인수자의 지분 확보를 제한하는 것은 어렵고 전술한 바와 같이 적대적 인수자의 공개매수를 방해하거나, 매입한 자사주를 백기사에게 처분하는 방법으로 경영권 방어에 활용될 수 있음은 주의를 요한다.

05. 차등 의결권 주식 (Dual-Class Stock)

차등 의결권 주식은 특정 주식에 더 많은 의결권을 부여하는 방식이다. 이를 통해 창업자나 경영진이 낮은 지분율로도 회사의 실질적인 통제권을 유지할 수 있다. 이는 적대적 인수가 발생하더라도, 경영진이 회사의 의사결정권을 유지할 수 있도록 돕는다. 다만, 국내법상 차등 의결권부 주식의 발행은 벤처기업법 하에서만 허용되므로, 국내에서는 일반적으로 활용하기 어려운 방어 수단이다.

구글(Google) 사례: 구글은 상장 당시 차등 의결권 주식을 발행하여 창업자인 래리 페이지(Larry Page)와 세르게이 브린(Sergey Brin)에게 더 많은 의결권을 부여했다. 이를 통해 구글은 경영권을 효과적으로 보호하면서도 외부의 경영권 위협에 맞설 수 있는 구조를 구축했다.

06. 그린메일 (Greenmail)

그린메일은 적대적 인수자가 보유한 지분을 프리미엄 가격으로 매입하여 인수 시도를 포기하게 만드는 전략이다. 적대적 인수자는 지분을 매각하고 높은 이익을 얻지만, 경영진은 경영권을 지킬 수 있게 된다.

시그널 컴퍼니즈(Signal Companies) 사례: 1984년, 시그널 컴퍼니즈는 적대적 인수를 시도하던 투자자로부터 그린메일 전략을 통해 보유 지분을 매입했다. 시그널 컴퍼니즈는 적대적 인수자가 제시한 지분을 프리미엄 가격에 매입하며 인수 시도를 무력화시켰다.

적대적 M&A는 기업의 경영권에 심각한 위협이 될 수 있지만, 오너는 다양한 방어 전략을 통해 경영권을 보호할 수 있다.

상기한 각 전략은 상황에 따라 효과적으로 사용될 수 있으며, 실제 사례들은 이러한 전략이 적대적 인수를 방어하는 데 얼마나 중요한 역할을 하는지 보여준다. 적절한 방어 전략을 선택하고 실행함으로써 기업은 외부의 위협에 맞서 안정적인 경영권을 유지할 수 있다.

13
투자유치에서 빼 놓을 수 없는 벤처캐피탈

대한민국 벤처캐피탈(Venture Capital, VC)은 1980년대에 본격적으로 시작되었으며, 그 이후 한국의 창업 생태계와 스타트업 산업을 성장시키는 데 중요한 역할을 해왔다. 벤처캐피탈은 창업 초기 단계의 기업들에게 자금을 투자하고, 이들의 성장을 돕는 투자자들로, 자본을 제공하는 것 외에도 경영 자문, 네트워킹 지원, 인프라 제공 등의 다양한 역할을 수행한다. 대한민국에서 벤치캐피탈의 발진과 최근 역할을 자세히 설명하면 다음과 같다.

우선 대한민국 벤처캐피탈의 역사에 대해서 이해하는 것이 필요하다.

대한민국 벤처캐피탈의 역사는 1980년대 초반으로 거슬러 올라간다. 당시 대한민국은 산업화와 기술 발전을 추진하기 위해 신생 기업에 대한 투자가 필요했다. 1986년, 한국기술개발금융이 설립되면서 대한민국 최초의 벤처캐피탈이 탄생했다. 이는 정부 주도의 기술 기반 기업을 지원하는 정책의 일환으로, 이후 벤처기업 육성과 창업 지원을 위한 다양한 프로그램이 도입되었다.

1990년대 중반, 대한민국의 벤처 생태계는 빠르게 성장하기 시작했다. 특히, 1997년 외환위기 이후 구조조정과 경제 개혁을 통해 벤처기업과 신생 산업에 대한 관심이 높아졌다. 1998년, 벤처기업육성에 관한 특별조치법이 제정되면서 본격적인 벤처캐피탈 활성화가 이루어졌다. 이 법을 통해 벤처기업에 대한 세제 혜택과 투자 활성화 방안이 마련되었고, 벤처캐피탈 산업이 급격히 성장하는 계기가 되었다.

　2000년대 초반에는 IT 붐과 함께 벤처기업에 대한 투자 열풍이 일어났다. 대한민국의 IT 산업이 급격히 발전하면서 인터넷, 소프트웨어, 통신 등 기술 기반 벤처기업들이 활발히 등장했다. 벤처캐피탈은 이러한 기술 벤처 기업들에 대한 초기 자금을 제공하며 대한민국의 기술 혁신을 주도하는 역할을 했다. 그러나 2000년대 초반의 닷컴 버블로 인해 일부 벤처기업들이 무너졌고, 벤처캐피탈 산업도 일시적으로 위축되었다.

　이후, 2010년대에는 스마트폰 보급과 함께 스타트업 붐이 일어나면서 벤처캐피탈 산업은 다시 활기를 띠게 되었다. 특히, 정부는 창업과 혁신 성장을 촉진하기 위해 모태펀드를 조성하고, 다양한 벤처펀드를 지원함으로써 스타트업과 벤처기업에 대한 투자 환경을 조성했다. 벤처캐피탈은 이러한 정부 정책과 맞물려 신생 기업의 성장을 돕는 중요한 투자자이자 파트너로 자리잡았다.

14
최근 대한민국 벤처캐피탈의 역할은 어떻게 되고 있나

 최근 들어 대한민국 벤처캐피탈은 스타트업 생태계의 핵심적인 역할을 수행하고 있다. 과거에는 주로 초기 자금 지원 역할을 했던 벤처캐피탈이 이제는 기업 성장 지원, 글로벌 진출, 기술 혁신 촉진 등의 다각적인 역할을 수행하고 있다. 대한민국의 스타트업들이 글로벌 시장에서 경쟁력을 갖출 수 있도록 하는 데 벤처캐피탈은 매우 중요한 파트너가 되고 있다.

01. 초기 자금 지원 및 성장 촉진

 벤처캐피탈은 여전히 신생 기업들에게 초기 자금을 제공하는 중요한 역할을 하고 있다. 초기 단계의 스타트업은 은행 대출이나 기존 투자자들로부터 자금을 얻기 어려운 경우가 많기 때문에, 벤처캐피탈이 제공하는 투자 자금은 기업의 생존과 초기 성장을 가능하게 만든다. 벤처캐피탈은 이러한 초기 투자뿐만 아니라 후속 투자를 통해 기업의 성장을 지속적으로 지원하며, 성공적인 스타트업들이 중견기업으로 성장하는 데 중요한 역할을 한다.

02. 경영 및 네트워킹 지원

벤처캐피탈은 단순히 자금만 제공하는 것이 아니라, 투자한 기업의 경영에 조언을 제공하고, 해당 산업 내 주요 네트워킹 기회를 제공한다. 이는 벤처기업들이 빠르게 성장하고 시장 내 경쟁력을 갖추는 데 중요한 요소이다. 예를 들어, 벤처캐피탈은 스타트업이 필요한 인재를 채용하거나, 유통망과 고객 기반을 확대할 수 있는 기회를 마련하는 데 도움을 줄 수 있다.

03. 글로벌 진출 지원

최근 대한민국의 스타트업들은 국내 시장을 넘어 글로벌 시장에서도 활약을 하고 있다. 벤처캐피탈은 이들이 해외로 진출할 수 있도록 네트워킹, 자금, 현지 시장 정보 등을 제공한다. 예를 들어, 동남아시아, 북미, 유럽 등 해외 벤처캐피탈과 협력하여 국내 스타트업이 현지에 진출하는 데 도움을 주는 경우가 많다. 이처럼 벤처캐피탈은 기업의 글로벌 확장을 촉진하는 데 있어 중요한 파트너로 작용하고 있다.

04. 기술 혁신 및 디지털 전환 촉진

대한민국의 벤처캐피탈은 인공지능(AI), 핀테크, 바이오테크, 블록체인 등 다양한 첨단 기술에 대한 투자를 확대하고 있다. 이러한 기술 혁신은 국가의 디지털 전환을 가속화하고 새로운 산업을 창출하는 데 기여하고 있다. 벤처캐피탈은 이러한 혁신 기술을 보유한 기업에 투자함으로써 대한민국 경제의 경쟁력을 높이고 있다. 특히 최근에는 그린테크, 클린테크와 같은 지속가능한 산업에 대한 관심도 높아지고 있다.

05. M&A 및 IPO 지원

벤처캐피탈은 또한 스타트업의 성공적인 엑시트를 돕는 역할도 하고 있다. 많은 스타트업들이 일정 단계 이후에는 기업공개(IPO)나 인수합병

(M&A)을 통해 성장을 지속하게 되는데, 벤처캐피탈은 이러한 과정에서 중요한 자문 역할을 한다. 최근 대한민국에서는 쿠팡, 배달의민족 등 대형 스타트업들이 IPO나 M&A를 통해 큰 성공을 거두었으며, 그 배경에는 벤처캐피탈의 전략적 지원이 있었다.

대한민국의 벤처캐피탈 산업은 1980년대부터 꾸준히 발전해왔으며, 현재는 대한민국 스타트업 생태계의 핵심 축으로 자리잡고 있다. 초기 자금 지원에서부터 글로벌 진출, 기술 혁신 촉진, M&A 및 IPO 지원까지 다양한 역할을 수행하며, 창업 기업들이 성장하고 세계 시장에서 경쟁력을 갖출 수 있도록 중요한 파트너로서의 기능을 하고 있다. 이러한 벤처캐피탈의 역할은 앞으로도 대한민국 경제의 혁신과 성장을 이끄는 중요한 동력이 될 것이다.

참고

우리나라에서 활동중인 벤처캐피탈

대한민국에는 다양한 벤처캐피탈(VC) 회사들이 존재하며, 이들은 주로 초기 스타트업부터 성장 단계에 있는 기업들에 자금을 지원하고, 경영 자문과 네트워킹 기회를 제공한다. 그중에서 일부 벤처캐피탈 몇 개를 소개하고 각각의 특징과 역할을 설명하겠다.

1. 한국투자파트너스 (Korea Investment Partners)

한국투자파트너스는 대한민국에서 가장 오래되고, 규모가 큰 벤처캐피탈 중 하나로, 1986년에 설립되었다. 이 회사는 초기 스타트업부터 성장 단계에 있는 기업들에 이르기까지 다양한 산업 분야에 투자하며, 특히 기술, 헬스케어, 바이오테크, 콘텐츠 산업에 대한 투자가 활발하다.

한국투자파트너스는 국내뿐만 아니라 글로벌 투자에도 활발히 참여하고 있으며, 동남아시아와 미국, 유럽 등 여러 지역의 유망 기업에 투자하고 있다. 또한, 최근에는 그린테크와 ESG(환경·사회·지배구조) 분야에 대한 관심도 높아지고 있다.

2. IMM인베스트먼트 (IMM Investment)

IMM인베스트먼트는 1999년에 설립된 대한민국의 대표적인 벤처캐피탈 회사 중 하나이다. 초기 스타트업뿐만 아니라 중견기업에 대한 투자도 활발히 진행하며, 특히 바이오테크, IT, 소비재, 에너지, 그리고 금융 분야에 집중하고 있다.

IMM인베스트먼트는 벤처 캐피탈뿐만 아니라 프라이빗 에쿼티(PE) 투자도 활발하게 진행하고 있으며, 대규모 자금을 운용하여 기업 인수 및 구조조정에도 깊숙이 참여한다. 투자 포트폴리오에는 네이버, 카카오, 크래프톤과 같은 한국의 대표적인 IT 기업들이 포함되어 있다.

3. KB인베스트먼트 (KB Investment)

KB인베스트먼트는 KB금융그룹의 자회사로, 1990년대 설립 이후 대한민국의 대표적인 벤처캐피탈 회사로 자리매김했다. 이 회사는 정보통신, 헬스케어, 바이오테크, 그리고 에너지 분야에 대한 투자가 활발하며, 스타트업의 초기 투자부터 후속 투자까지 다양한 단계에서 기업 성장을 지원한다.

KB인베스트먼트는 국내외 유망한 스타트업에 투자하는 한편, 글로벌 벤처 투자에도 적극적으로 나서고 있다. 또한, KB금융그룹의 네트워크를 활용하여 스타트업에 대한 금융 및 비금융 서비스를 제공하는 데 강점을 가지고 있다.

4. 소프트뱅크벤처스아시아 (SoftBank Ventures Asia)

소프트뱅크벤처스아시아는 2000년에 설립된 소프트뱅크 그룹의 자회사로, 한국을 포함한 아시아 지역에서 활발히 활동하는 벤처캐피탈 회사이다. 이 회사는 IT, 인공지능(AI), 로봇, 핀테크, 전자상거래, 그리고 바이오테크 분야에 집중하며, 초기 단계 스타트업부터 중기 단계까지 투자한다.

소프트뱅크벤처스아시아는 일본의 소프트뱅크 그룹과 긴밀한 협력을 통해 아시아 전역에서 스타트업에 자금을 제공하고, 글로벌 시장 진출을 돕는 데 중요한 역할을 하고 있다. 특히, AI 및 차세대 기술을 보유한 기업에 대한 투자로 주목받고 있다.

5. 스톤브릿지벤처스 (Stonebridge Ventures)

스톤브릿지벤처스는 대한민국에서 활동하는 대표적인 벤처캐피탈 회사 중 하나로, 2008년에 설립되었다. 이 회사는 기술 기반의 스타트업, IT, 헬스케어, 바이오테크, 그리고 소비재 산업에 집중하여 투자하고 있으며, 특히 초기 단계 기업에 대한 투자에 강점을 가지고 있다.

스톤브릿지벤처스는 네이버와 같은 대기업과의 협력을 통해 국내 스타트업 생태계를 지원하며, 투자뿐만 아니라 경영 자문, 네트워킹 기회 제공 등으로 스타트업의 성장을 돕고 있다. 또한, 최근에는 글로벌 투자 활동도 활발히 진행하고 있다.

6. 알토스벤처스 (Altos Ventures)

알토스벤처스는 1996년에 미국 실리콘밸리에서 설립된 글로벌 벤처캐피탈이지만, 대한민국에서도 매우 활발히 활동하고 있다. 알토스벤처스는 주로 초기 단계의 기술 기반 스타트업에 투자하며, 대한민국 스타트업 생태계에서도 선도적인 벤처캐피탈로 자리 잡았다.

이 회사는 특히 쿠팡, 배달의민족, 당근마켓 등 한국의 유니콘 기업에 투자한 것으로 유명하다. 알토스벤처스는 미국과 한국의 시장 간 교류를 통해, 스타트업들이 글로벌 시장에 진출할 수 있도록 지원하는 것을 목표로 하고 있다.

7. 퀄컴벤처스 (Qualcomm Ventures)

퀄컴벤처스는 미국의 반도체 기업 퀄컴(Qualcomm)의 벤처 투자 부서로, 한국을 포함한 아시아 시장에서 매우 활발하게 활동하고 있다. 주로 기술, 모바일, 반도체, IoT(사물인터넷), 5G 등 첨단 기술 분야에 집중 투자하며, 한국의 다양한 기술 기반 스타트업들에 자금을 지원한다.

퀄컴벤처스는 자사의 기술력과 글로벌 네트워크를 활용하여 한국 스타트업이 세계 무대에서 성장할 수 있도록 돕고 있으며, 특히 차세대 기술 혁신에 대한 투자를 선도하고 있다.

8. 카카오벤처스 (Kakao Ventures)

카카오벤처스는 2012년에 설립된 카카오의 벤처캐피탈 자회사로, 초기 단계의 스타트업에 집중 투자하는 회사다. 주로 IT, 콘텐츠, 소프트웨어, 핀테크 분야의 스타트업에 투자하며, 카카오 그룹과의 협력을 통해 스타트업들이 기술적, 네트워크적 지원을 받을 수 있도록 돕고 있다.

카카오벤처스는 창업 초기 단계의 스타트업을 집중적으로 육성하는 데 강점을 가지고 있으며, 카카오의 플랫폼을 활용해 스타트업들이 빠르게 성장할 수 있는 생태계를 구축하고 있다.

대한민국에는 한국투자파트너스, IMM인베스트먼트, KB인베스트먼트, 소프트뱅크벤처스아시아, 스톤브릿지벤처스, 알토스벤처스, 퀄컴벤처스, 카카오벤처스 등 다양한 벤처캐피탈들이 활동하고 있다. 이들 벤처캐피탈은 기술, 바이오테크, IT, 헬스케어 등 다양한 분야에서 스타트업을 지원하며, 대한민국의 창업 생태계와 산업 발전에 중요한 역할을 하고 있다. 각 벤처캐피탈은 고유한 투자 전략과 글로벌 네트워크를 바탕으로 기업의 성장을 촉진하며, 대한민국 스타트업들이 세계 무대에서 경쟁력을 갖추도록 돕고 있다.

참고

우리나라에서 활동중인 사모펀드

대한민국에는 다양한 사모펀드(Private Equity, PE) 회사들이 활동하고 있으며, 이들은 주로 중견기업, 대기업 또는 성숙기에 접어든 기업들에 투자하여 기업의 성장을 촉진하거나 구조조정을 통해 기업 가치를 높이는 역할을 한다. 사모펀드는 일반적으로 벤처캐피탈과 달리 장기적인 투자와 경영 개입을 통해 기업의 수익성과 효율성을 높이기 위한 전략을 실행한다. 대한민국에서 활동중인 사모펀드 몇 곳을 소개하고 각각의 특징과 역할을 설명하겠다.

1. MBK 파트너스 (MBK Partners)

MBK 파트너스는 2005년에 설립된 아시아 최대의 사모펀드 중 하나로, 대한민국뿐만 아니라 중국, 일본, 홍콩 등 아시아 전역에서 활동하고 있다. MBK 파트너스는 주로 대규모 기업 인수와 구조조정을 통해 기업의 가치를 높이는 전략을 사용하며, 다양한 산업에 걸쳐 대형 거래를 성사시켰다.

특히, MBK 파트너스는 2015년 대한민국의 대표 케이블 TV 업체인 CJ

헬로비전을 인수한 사례로 유명하며, 2020년에는 대한민국의 주요 생명보험사 중 하나인 오렌지라이프를 매각하며 큰 성과를 거두었다. 또한, 다수의 인수합병(M&A) 거래를 통해 기업의 구조조정과 경영 효율화를 이끌어내고 있다.

2. IMM 프라이빗에쿼티 (IMM Private Equity)

IMM 프라이빗에쿼티는 2005년에 설립된 대한민국의 대표적인 사모펀드 회사 중 하나이다. 이 회사는 다양한 산업에 걸쳐 기업의 인수 및 경영 개선을 추진하며, 투자한 기업의 장기적인 성장을 도모하는 전략을 사용한다. IMM 프라이빗에쿼티는 주로 IT, 소비재, 금융, 헬스케어, 에너지 등 다양한 분야에서 활발한 활동을 하고 있다.

대표적인 투자 사례로는 하이마트 인수가 있으며, 이후 하이마트를 성공적으로 상장시켜 투자 성과를 극대화했다. 또한, 최근에는 두산 그룹의 모트롤BG를 인수하는 등 다양한 산업에서의 투자와 구조조정을 통해 기업 가치를 높이고 있다.

3. 한앤컴퍼니 (Hahn & Company)

한앤컴퍼니는 2010년에 설립된 대한민국의 대형 사모펀드 회사로, 창립자 한상원 대표의 이름을 따서 명명되었다. 한앤컴퍼니는 대기업의 비핵심 사업부 매각, 구조조정, 경영 효율화에 집중하며, 다양한 대형 거래를 성사시켰다.

대표적인 투자 사례로는 한진해운의 터미널 사업부 인수와, SK ENS의 매각이 있다. 한앤컴퍼니는 주로 대기업의 비핵심 자산을 매입하여 구조조정을 진행하고, 효율성을 높인 후 다시 매각하는 방식으로 높은 수익을 창출한다. 한앤컴퍼니는 구조조정과 인수합병(M&A) 분야에서 매우 활발히 활동하고 있으며, 대한민국에서 가장 영향력 있는 사모펀드 중 하나로 자리 잡았다.

4. VIG 파트너스 (VIG Partners)

VIG 파트너스는 2005년에 설립된 대한민국의 중견 사모펀드로, 주로 중소기업이나 중견기업을 대상으로 한 경영 효율화와 성장 촉진을 목표로 한다. VIG 파트너스는 소비재, 유통, 헬스케어, 그리고 금융 서비스와 같은 산업에 주로 투자하고 있다.

대표적인 투자 사례로는 버거킹과 BC카드 인수가 있으며, 버거킹의 국내 사업을 빠르게 성장시켜 투자 수익을 극대화한 바 있다. 또한, VIG 파트너스는 기업이 안정적으로 성장할 수 있도록 경영 전략과 운영 방식을 개선하는 데 집중하고 있다.

5. 스틱 인베스트먼트 (STIC Investments)

스틱 인베스트먼트는 1999년에 설립된 대한민국의 사모펀드이자 벤처 캐피털로, 주로 IT, 헬스케어, 제조업, 서비스업에 투자하며, 아시아 지역을 중심으로 글로벌 투자 활동을 활발히 펼치고 있다. 스틱 인베스트먼트는 초기 기업부터 중견기업, 대기업에 이르기까지 다양한 성장 단계의 기업에 자금을 제공하고 있다.

스틱 인베스트먼트는 대한민국 외에도 동남아시아, 중국 등 아시아 전역에서 투자를 확대하고 있으며, 주요 투자 사례로는 카카오게임즈와 유안타증권이 있다. 또한, 최근에는 기술 기반의 혁신적인 기업에 대한 투자를 늘리고 있다.

6. 크레센도에쿼티파트너스 (Crescendo Equity Partners)

크레센도 에쿼티 파트너스는 2012년에 설립된 대한민국의 사모펀드로, 주로 기술 기반 중소기업과 중견기업에 투자하며, 경영 효율화와 성장을 촉진하는 전략을 사용한다. 크레센도는 특히 첨단 기술, 제조업, 헬스케어 분야에 집중 투자하고 있다.

대표적인 투자 사례로는 포스코 ICT와 한화큐셀이 있으며, 이를 통해 기업 경영의 효율성을 높이고, 글로벌 시장에서의 경쟁력을 강화했다. 크레센도는 한국뿐만 아니라 글로벌 네트워크를 활용해 투자 포트폴리오를 확장하고 있다.

7. KKR (Kohlberg Kravis Roberts)

KKR은 미국에서 설립된 글로벌 사모펀드로, 대한민국에서도 활발히 활동하고 있다. KKR은 주로 대형 인수합병 거래를 진행하며, 대규모 자본을 투자하여 기업의 경영 효율성을 개선하고, 기업 가치를 높이는 데 중점을 둔다.

대표적인 투자 사례로는 OB맥주 인수가 있다. KKR은 2009년 OB맥주를 인수한 후 구조조정을 통해 회사를 성장시켰으며, 2014년에 이를 AB인베브(Anheuser-Busch InBev)에 다시 매각하여 큰 수익을 거둔 바 있다. KKR은 글로벌 네트워크와 자본력을 바탕으로 한국 시장에서의 투자를 확대하고 있다.

8. 유니슨캐피탈 (Unison Capital)

유니슨캐피탈은 1998년에 설립된 일본계 사모펀드로, 대한민국에서도 활발히 투자 활동을 진행하고 있다. 유니슨캐피탈은 소비재, 제조업, 헬스케어, 서비스업에 주로 투자하며, 기업 경영 개선을 통한 장기적인 성장 전략을 선호한다.

대표적인 투자 사례로는 버거킹 코리아와 BC카드 인수가 있으며, 이후 기업 경영 개선을 통해 성장과 수익을 극대화했다. 유니슨캐피탈은 한국뿐만 아니라 일본과 중국에서도 투자 활동을 활발히 하고 있다.

대한민국의 사모펀드 시장은 MBK 파트너스, IMM 프라이빗에쿼티, 한앤컴퍼니, VIG 파트너스, 스틱인베스트먼트, 크레센도 에쿼티 파트너스, KKR, 유니슨캐피탈 등 다양한 회사들이 주도하고 있다. 이들은 주로 기업 인수 및 구조조정을 통해 기업의 가치를 극대화하고, 경영 효율화와 장기적인 성장을 도모하는 전략을 사용한다. 이처럼 사모펀드는 대한민국의 기업 생태계에서 중요한 역할을 하며, 대기업부터 중소기업에 이르기까지 다양한 기업의 성장과 혁신을 지원하고 있다.

참고

금리가 인하되기 시작하면
M&A 시장에는
어떤 영향이 있을까

  기준금리 인하는 M&A(인수합병) 시장에 여러 가지 중요한 영향을 미친다. 기준금리가 낮아지면 자본 조달 비용이 줄어들어 기업들이 M&A를 추진하는 데 유리한 환경이 조성된다. 또한, 투자자들의 투자 수익률이 하락하면서 자본이 상대적으로 높은 수익을 기대할 수 있는 M&A나 주식 시장으로 몰리는 경향이 있다. 구체적으로, 금리 인하가 M&A 시장에 미치는 영향을 설명하고, 실제 사례를 통해 이를 더 자세히 살펴보겠다.

1. 저금리로 인한 자본 조달 비용 감소

  기준금리 인하는 기업들이 자금을 차입할 때 부담해야 하는 이자 비용을 줄여준다. 이는 기업들이 인수합병을 위한 자금을 더 저렴하게 조달할 수 있게 만든다. 특히 대규모 자본이 필요한 인수합병의 경우, 금리가 낮아지면 인수 자금 조달이 훨씬 수월해지며, 이로 인해 M&A 거래가 활발해지는 경향이 있다.

SK텔레콤의 하이닉스 인수가 대표적인 사례이다.
2011년, SK텔레콤이 하이닉스 반도체(현 SK하이닉스)를 인수한 사례가 있다. 당시 글로벌 금융위기 여파로 기준금리가 낮아지면서 SK텔레콤은 자금을 저렴하게 조달할 수 있었고, 이를 통해 대규모 인수 자금을 마련했다. SK텔레콤은 약 3조 4000억 원을 들여 하이닉스 지분 21%를 인수하였고, 저금리 환경 덕분에 자본 조달 비용이 줄어들면서 인수가 원활하게 진행될 수 있었다.

2. M&A를 통한 투자 기회 확대

기준금리 인하는 투자자들이 상대적으로 높은 수익률을 기대할 수 있는 M&A 거래에 더 적극적으로 참여하도록 유도한다. 금리가 낮아지면 채권 등의 안전자산에서 얻을 수 있는 수익이 줄어들기 때문에, 투자자들은 더 높은 수익을 기대할 수 있는 자산에 투자하려고 한다. 그 결과, 기업들이 M&A를 통해 성장 가능성을 확대하려는 계획에 더 많은 투자 자금이 유입된다.

미국의 저금리 정책과 인수합병 증가

미국의 기준금리가 2008년 금융위기 이후 역사적인 저금리 수준으로 낮아지면시, 대규모 M&A가 급격히 증가한 사례가 있다. 2015년부터 2018년까지 글로벌 M&A 시장에서 특히 미국 기업들 간의 인수합병 거래가 활발히 진행되었는데, 이는 저금리 환경 속에서 자본이 풍부하게 유입된 것이 주요 요인으로 작용했다. 이 중 하나의 대표적인 사례는 2015년, 델(Dell)이 IT 기업 EMC를 약 670억 달러에 인수한 거래이다. 이 거래는 대규모 자본이 저금리 환경에서 유입되면서 성사된 대표적인 M&A 사례로 꼽힌다.

3. 저금리로 인해 기업 가치 상승과 M&A 매력 증가

기준금리 인하는 주식 시장에도 영향을 미친다. 저금리 환경에서 자본이 주식 시장으로 몰리면서 기업의 주가가 상승하게 되는데, 이는 기업

가치가 상승함에 따라 매수자가 높은 평가를 감안해도 M&A를 고려할 만한 유인이 생기는 상황을 만든다. 특히, 성장 가능성이 있는 기업들은 저금리 시대에 더 높은 기업 가치를 인정받아 매력적인 인수 대상이 될 수 있다.

카카오는 저금리 시대의 유리한 금융 환경을 활용해 적극적으로 M&A를 추진한 기업 중 하나다. 카카오는 2020년부터 저금리 기조가 이어지는 동안 다양한 기업을 인수하면서 사업 영역을 확장했다. 카카오엔터테인먼트, 카카오모빌리티, 카카오페이 등 여러 자회사를 설립하거나 인수하면서, 기업 가치를 대폭 높였다. 이러한 M&A는 저금리 환경에서 자금을 쉽게 조달하고, 기업 주가가 상승하는 가운데 이루어진 대표적인 사례로 볼 수 있다.

4. 대규모 인수합병 및 레버리지 M&A 촉진

기준금리가 낮아지면 기업들은 차입을 통해 레버리지(부채 활용)를 늘리는 방식으로 대규모 인수합병을 추진하는 경우가 많아진다. 레버리지 M&A는 낮은 금리로 차입한 자금을 통해 인수 대금을 마련하고, 인수한 기업의 수익으로 부채를 상환하는 방식이다. 저금리 환경에서는 차입 비용이 적기 때문에 레버리지를 활용한 인수합병이 매력적으로 다가온다.

2019년, SKC는 국내 동박(전지 소재) 제조업체 KCFT를 약 1조 2000억 원에 인수했다. 당시 한국은 저금리 기조가 이어지면서 SKC는 상당한 레버리지를 활용해 이 인수를 진행할 수 있었다. SKC는 인수 자금 대부분을 차입해 조달했으며, 이후 KCFT의 매출과 수익성을 개선하면서 성공적으로 부채를 상환할 수 있었다. 이는 저금리 환경이 레버리지 M&A를 촉진하는 대표적인 사례로 꼽힌다.

5. M&A 관련 리스크 감소

기준금리가 낮아지면 인수합병 후 발생할 수 있는 리스크가 줄어든다. 특히, 기업이 차입한 자금으로 인수합병을 진행할 경우, 금리 인상 리스크가 적기 때문에 인수 후에도 재무적 부담이 상대적으로 줄어든다. 이는 기업들이 M&A를 진행할 때 더 과감한 결정을 내릴 수 있도록 돕는다.

기준금리 인하는 M&A 시장에 자본 조달 비용을 줄이고 투자 매력을 높이는 긍정적인 영향을 미친다. 자본이 쉽게 조달되고 차입 비용이 낮아지면서 기업들은 더 적극적으로 M&A 기회를 모색하고, 투자자들도 더 높은 수익을 기대할 수 있는 M&A 거래에 참여하게 된다. SK텔레콤의 하이닉스 인수, 델의 EMC 인수, SKC의 KCFT 인수 등 저금리 환경 속에서 성공적으로 이루어진 인수합병 사례들은 금리 인하가 M&A 시장에 미치는 긍정적인 영향을 보여주는 대표적인 사례들이다.

PART 02.

M&A
기업가치평가

01
M&A에서 기업가치 평가란

M&A(인수합병)를 진행하는 과정에서 기업가치평가(Valuation)는 핵심적인 단계이다. 이는 매수자와 매도자 간의 거래 가격을 결정하는 데 있어 중요한 기준이 되며, 양측이 합리적이고 공정한 가격으로 거래를 진행할 수 있도록 도와준다. 기업가치평가는 기업의 자산, 부채, 수익성, 미래 성장 가능성 등 다양한 요소를 종합적으로 고려하여 해당 기업의 가치를 산정하는 과정이다. M&A 과정에서 기입가치평가는 매우 중요하며, 그 방법과 과정, 주요 요소들을 정확히 이해하는 것이 필수적이다.

M&A에서 기업가치평가는 매수자와 매도자 모두에게 필수적이다. 매수자는 인수하려는 기업이 실제로 얼마나 가치가 있는지, 그리고 그 가격이 적정한지 평가해야 하며, 매도자는 자신의 기업이 저평가되지 않도록 방어할 필요가 있다. 기업가치평가는 양측이 거래 가격에 대한 명확한 기준을 제시하고, 협상을 진행하는 데 있어 중요한 참고자료가 된다.

또한, 기업가치평가는 투자자, 금융기관 등 외부 자본을 유치하는 데에도 중요한 역할을 한다. 매수자는 금융기관으로부터 인수 자금을 차입할 때 기업가치에 대한 신뢰성 있는 평가가 필요하고, 투자자들은 자신들의 투자금이 얼마나 수익을 낼 수 있을지 평가해야 한다.

기업가치평가에 어떤 방식이 사용되는가?

기업가치평가는 크게 수익 접근법, 시장 접근법, 자산 접근법으로 나뉜다. 각 방법은 기업의 특성과 상황에 따라 선택되며, 서로 보완적인 방식으로 사용될 수 있다.

01. 수익 접근법 (Income Approach)

수익 접근법은 기업이 미래에 창출할 것으로 예상되는 현금흐름이나 수익성을 기준으로 기업 가치를 평가하는 방식이다. 주로 현금흐름할인법(DCF, Discounted Cash Flow)이 사용된다.

현금흐름할인법(DCF)

DCF 방법은 기업이 미래에 창출할 것으로 예상되는 현금흐름을 추정한 후, 이를 현재 가치로 할인하여 기업의 가치를 산출하는 방식이다. 할인율은 주로 기업의 자본비용(WACC, 가중평균자본비용)을 사용하며, 이 할인율을 통해 미래 현금흐름을 현재 가치로 전환한다. 이 방법은 기업의 수익성과 장기적인 성장 가능성을 평가할 수 있는 중요한 도구로, 특히 기술기업이나 서비스 기반 회사에서 많이 사용된다.

02. 시장 접근법 (Market Approach)

시장 접근법은 유사한 산업의 기업들이 시장에서 어떻게 평가받고 있는지를 기준으로 기업 가치를 평가하는 방법이다. 주로 비교기업 분석법(Comparable Company Analysis, CCA)과 거래사례비교법(Precedent Transaction Analysis)이 사용된다.

비교기업 분석법(CCA)

비교 가능한 다른 상장 기업들의 시장 가치를 기준으로 평가하는 방법이다. 유사한 기업들의 주가, 매출, EBITDA(이자·세금·감가상각비 차감 전 이익) 등의 지표를 참고하여, 평가 대상 기업이 시장에서 어느 정도 가치를 가질 수 있는지를 산정한다. 이 방법은 주로 대중적으로 거래되고 있는 산업 내에서의 비교를 통해 상대적으로 빠르게 기업 가치를 추정할 수 있다.

거래사례비교법(Precedent Transaction Analysis)

최근에 유사한 산업에서 발생한 M&A 거래 사례를 기준으로 기업 가치를 평가하는 방법이다. 과거 거래된 기업의 매출, EBITDA, 이익 등을 바탕으로 그들과 유사한 평가 대상 기업의 가치를 추정한다.

예를 들어, 기업이 속한 유통 산업에서 최근 인수된 기업들의 평균 EV/EBITDA(기업가치 대비 EBITDA 비율)가 8배라면, 기업의 EBITDA가 100억 원일 경우, 기업의 가치는 800억 원으로 평가될 수 있다.

03. 자산 접근법 (Asset Approach)

자산 접근법은 기업이 보유한 자산과 부채를 기준으로 가치를 산정하는 방법이다. 이는 주로 기업의 자산 가치가 주요한 역할을 할 때 사용된다. 청산가치법과 순자산가치법 등이 대표적인 방법이다.

청산가치법(Liquidation Value)

기업이 파산하거나 청산할 경우, 보유 자산을 모두 매각하여 얻을 수 있는 가치로 기업을 평가하는 방식이다. 이 방법은 주로 기업의 지속적인 수익 창출보다는 자산의 가치에 중점을 둔다.

순자산가치법(Net Asset Value)

기업의 자산에서 부채를 차감한 순자산 가치를 바탕으로 기업 가치를 산정하는 방법이다. 이는 주로 부동산, 제조업 등 자산이 중요한 비중을 차지하는 산업에서 많이 사용된다. 예를 들면, 기업이 보유한 자산이 1,000억 원이고, 부채가 300억 원일 경우, 순자산은 700억 원이므로 기업 가치는 700억 원으로 평가될 수 있다.

02
기업가치평가에
영향을 미치는 요소

M&A에서 기업가치를 평가할 때 고려해야 하는 주요 요소는 다음과 같다.

- **재무 성과:** 과거와 현재의 재무 성과는 기업의 가치를 평가하는 데 가장 기본적인 기준이 된다. 매출, 영업이익, 순이익, EBITDA 등의 지표를 통해 기업이 얼마나 안정적인 수익을 창출하는지 평가한다.
- **성장 가능성:** 기업이 향후 어떤 성장 잠재력을 가지고 있는지에 따라 기업 가치가 크게 달라질 수 있다. 특히, 기술 기반 기업이나 신흥 산업에서는 미래의 성장 가능성이 기업 가치에 크게 반영된다.
- **시장 위치 및 경쟁력:** 기업이 속한 산업 내에서의 위치와 경쟁 우위가 중요하다. 기업이 시장 점유율이 높고 독보적인 기술이나 브랜드 파워를 가지고 있다면, 더 높은 평가를 받을 수 있다.
- **산업 및 경제 환경:** 기업이 속한 산업의 성장 전망, 규제 상황, 그리고 경제 전반의 상태도 중요한 요소다. 예를 들어, 경기 침체기에는 기업가치가 낮게 평가될 수 있으며, 반대로 성장하는 산업에서는 평가가 높아질 수 있다.
- **리스크 요인:** 기업의 경영 리스크, 법적 리스크, 재무적 불안정성 등 다양한 리스크 요소가 기업가치에 영향을 미칠 수 있다. 리스크가 클수록 기업 가치는 낮아지게 된다.

03
기업가치평가의
한계와 주의사항

기업가치평가는 다양한 방법과 자료를 바탕으로 이루어지지만, 예상치 못한 변수나 시장 상황 변화로 인해 실제 가치는 다르게 나타날 수 있다. 미래 현금흐름의 추정이나 비교 기업 선택 등 주관적인 요소가 개입할 수 있으며, 이는 평가 결과에 영향을 미칠 수 있다. 따라서 매수자와 매도자는 기업가치평가의 신뢰성을 높이기 위해 다각적인 방법을 활용하고, 전문가의 자문을 받는 것이 중요하다.

M&A에서 기업가치평가는 거래의 성패를 좌우하는 중요한 요소이며, 매수자와 매도자 모두에게 필수적인 과정이다. 평가 방법으로는 수익 접근법, 시장 접근법, 자산 접근법 등이 있으며, 각각의 방법은 기업의 특성과 상황에 맞게 선택된다. 기업가치평가는 객관적이고 정확한 정보를 바탕으로 이루어져야 하며, 이를 통해 양측이 합리적인 거래를 성사시킬 수 있다.

04

기업가치평가에서 가장 많이 사용하는 DCF법

DCF(Discounted Cash Flow, 할인된 현금흐름)법은 기업가치평가에서 가장 널리 사용되는 방법 중 하나로, 기업이 미래에 창출할 것으로 예상되는 현금흐름을 현재 가치로 환산하여 기업 가치를 평가하는 방식이다. DCF법은 기업의 수익성과 성장 가능성을 반영할 수 있다는 점에서 매우 유용하며, 특히 장기적인 투자 관점에서 기업의 내재 가치를 평가하는 데 적합하다.

DCF법의 핵심은 기업의 미래 현금흐름을 예측하고, 이를 할인율을 적용하여 현재 가치로 전환하는 것이다. 이 과정에서 현금흐름, 할인율, 잔존가치(Terminal Value) 등 여러 요소가 포함되며, 각 요소가 기업 가치에 큰 영향을 미친다.

DCF법의 기본 공식

DCF법에서 기업 가치는 미래의 예상 현금흐름을 할인하여 현재 가치로 환산한 값이다. 이를 수식으로 표현하면 다음과 같다.

기업가치(Enterprise Value, EV) = $\sum_{t=1}^{n} \frac{FCF_t}{(1+r)^t} + \frac{TV}{(1+r)^n}$

- **FCF:** t년도의 자유현금흐름(Free Cash Flow)
- **r :** 할인율 (주로 가중평균자본비용, WACC 사용)
- **TV:** 잔존가치(Terminal Value), 마지막 평가 연도 이후 기업이 계속 창출할 것으로 예상되는 현금흐름의 현재 가치
- **n :** 평가 기간(연수)

각 요소에 대해 자세히 설명하면 다음과 같다.

1. 자유현금흐름(Free Cash Flow, FCF)

자유현금흐름은 기업이 영업활동을 통해 창출한 현금에서 운영에 필요한 자본지출과 운전자본 변동을 차감한 금액을 의미한다. 이는 투자자나 채권자가 자유롭게 사용할 수 있는 현금을 나타내며, DCF법에서 기업가치를 평가할 때 가장 중요한 요소 중 하나다.

자유현금흐름을 계산하는 공식은 다음과 같다.

FCF = EBIT × (1 - 세율) + 감가상각비 - 자본지출(CAPEX) - △운전자본

- **EBIT:** 이자와 세금 차감 전 이익(Earnings Before Interest and Taxes)
- **세율:** 기업의 유효 세율
- **감가상각비:** 기업이 보유한 자산의 감가상각 금액
- **자본지출(CAPEX):** 기업이 설비나 장비 등 자본적 지출에 사용한 금액
- **운전자본:** 유동 자산에서 유동 부채를 차감한 금액. 운전자본의 변동(△운전자본)이 현금흐름에 영향을 미침

FCF 계산 예시:
만약 A기업의 EBIT가 100억 원이고, 세율이 25%라면, 세후 이익은 다음과 같이 계산된다.

$EBIT \times (1 - 세율) = 100 \times (1 - 0.25) = 75억원$

A기업이 감가상각비로 10억 원을 지출하고, 자본지출이 20억 원, 운전자본 변동이 5억 원이라고 가정하면 자유현금흐름은 다음과 같다.

$FCF = 75 + 10 - 20 - 5 = 60억 원$

2. 할인율 (Discount Rate)

할인율은 미래 현금흐름을 현재 가치로 환산하기 위해 사용하는 비율로, 주로 가중평균자본비용(WACC, Weighted Average Cost of Capital)을 사용한다. WACC는 기업이 자본을 조달하는 비용을 반영한 것으로, 기업의 자본 구조(부채와 자본)의 비율에 따라 계산된다.

WACC의 공식은 다음과 같다.

$$WACC = \left(\frac{E}{E+D}\right) \times r_E + \left(\frac{D}{E+D}\right) \times r_D \times (1-T)$$

- E: 자기자본(Equity) 금액
- D: 부채(Debt) 금액
- r_E: 자기자본비용(Cost of Equity)
- r_D: 부채비용(Cost of Debt)
- T: 법인세율(Tax Rate)

WACC 계산 예시:

만약 A기업이 자기자본 1,000억 원과 부채 500억 원을 보유하고 있고, 자기자본비용이 8%, 부채비용이 5%, 법인세율이 25%라면, WACC는 다음과 같이 계산된다.

$$WACC = \left(\frac{1,000}{1,000+500}\right) \times 0.08 + \left(\frac{500}{1,000+500}\right) \times 0.05 \times (1-0.25)$$

$$WACC = 0.0667 + 0.0125 = 7.92\%$$

따라서 할인율은 7.92%가 된다.

3. 잔존가치 (Terminal Value, TV)

잔존가치는 평가 기간 이후에도 기업이 계속해서 현금흐름을 창출할 것으로 예상되는 가치를 계산하는 방식이다. 잔존가치는 두 가지 방법으로 계산할 수 있는데, 그 중 영구 성장법(Perpetuity Growth Model)이 가장 흔히 사용된다.

잔존가치를 계산하는 공식은 다음과 같다.

$$TV = \left(\frac{FCF_n \times (1+g)}{r-g}\right)$$

- FCF_n: 마지막 해의 자유현금흐름
- g: 미래 현금흐름의 영구 성장률(주로 경제성장률이나 산업 평균 성장률 사용)
- r: 할인율(WACC)

TV 계산 예시:

만약 A기업의 마지막 해 자유현금흐름이 60억 원이고, 영구 성장률이 2%, 할인율이 7.92%라면, 잔존가치는 다음과 같이 계산된다.

$$TV = \frac{60 \times (1 + 0.02)}{0.0792 - 0.02} = \frac{60 \times 1.02}{0.0592} = \frac{61.2}{0.0592} = 1{,}034억원$$

4. DCF법을 통한 최종 기업가치 계산

위에서 설명한 미래 현금흐름(FCF)을 각각 할인율로 할인하여 현재 가치를 계산한 후, 마지막 해의 잔존가치(TV)를 합산하여 최종적으로 기업가치를 산출한다.

만약 A기업이 향후 5년간 아래와 같은 FCF를 창출할 것으로 예상된다면, DCF법을 통해 기업 가치를 계산할 수 있다.

- 1년차: 60억 원
- 2년차: 65억 원
- 3년차: 70억 원
- 4년차: 75억 원
- 5년차: 80억 원

각각의 현금흐름을 할인하여 현재 가치를 계산하고, 잔존가치를 더하면 다음과 같다.

$$기업가치 = \frac{60}{(1+0.0792)^1} + \frac{65}{(1+0.0792)^2} + \frac{70}{(1+0.0792)^3} + \frac{75}{(1+0.0792)^4} + \frac{80}{(1+0.0792)^5} + \frac{1{,}034}{(1+0.0792)^5}$$

이를 계산하면, A기업의 기업가치가 산출된다.

DCF법은 기업의 미래 현금흐름을 현재 가치로 할인하여 기업 가치를 평가하는 방법으로, 기업의 수익성과 성장 가능성을 잘 반영할 수 있는 강력한 평가 도구다. 각 요소인 자유현금흐름(FCF), 할인율(WACC), 잔존가치(TV)를 정확히 산정하는 것이 DCF법의 신뢰성과 정확성을 결정하는 핵심이다. 이를 통해 매수자와 매도자는 M&A 과정에서 공정하고 합리적인 기업 가치를 평가할 수 있다.

05
거래사례비교법을 통한 기업가치 평가

거래사례비교법(Comparable Company Analysis, CCA)은 기업의 가치를 평가할 때, 유사한 산업과 규모를 가진 다른 기업과 비교하여 평가한다. 이 방법은 실제 시장에서 이루어진 거래 사례나 공개된 자료를 기준으로 평가하기 때문에, 평가 대상 기업의 현실적인 시장 가치를 반영할 수 있다는 장점이 있다. 특히 비상장기업의 가치를 평가할 때 많이 사용하며, 유사한 사업 환경과 성장 가능성을 가진 기업들을 기준으로 평가하여 보다 합리적인 가치를 제시할 수 있다.

거래사례비교법은 다음과 같은 절차로 이루어진다. 먼저 평가 대상 기업과 유사한 산업, 지역, 성장 단계에 있는 비교 가능한 기업들을 선정한다. 이 과정에서 경쟁사나 비슷한 조건의 상장 기업, 또는 최근에 인수된 기업을 포함할 수 있다. 그다음, 비교할 지표를 결정한다. 주로 사용되는 지표는 기업가치 대비 세전영업이익 비율(EV/EBITDA), 주가수익비율(PER), 주가매출비율(PSR) 등을 사용한다. 그런 다음, 비교 대상 기업들의 재무 데이터를 수집하여, 선택한 지표를 계산한다. 마지막으로, 비교 대상 기업들의 평가 지표를 기반으로 평균값을 산출하거나, 평가 대상 기업의 재무지표에 평균 배수를 적용하여 기업가치를 추정한다.

거래사례비교법은 거래 시점에 따라 크게 두 가지로 나눈다.

첫 번째는 상장사 비교법(Trading Comparables)으로, 상장된 기업들의 주가와 시가총액을 기준으로 평가한다. 유사한 상장 기업의 주가와 재무지표를 바탕으로 비교하는데, 주로 EV/EBITDA나 PER, PSR 등의 배수를 사용한다. 예를 들어, A 기업이 유사한 상장 기업들의 PER 비율이 평균 15배이고, A 기업의 순이익이 1억 원이라면, A 기업의 가치는 약 15억 원으로 추정할 수 있다.

두 번째는 말 그대로의 거래 사례 비교법(Precedent Transactions)이다. 이 방법은 과거에 유사한 조건에서 이루어진 M&A(인수합병) 거래 사례를 기준으로 평가한다. 평가 대상 기업과 비슷한 산업에서 최근 인수된 기업들의 거래 배수를 이용하여 평가하는 방식이다. 예를 들어, B 기업이 유사한 소프트웨어 스타트업이 최근 10배의 EV/EBITDA 비율로 인수된 사례를 참고하고, B 기업의 EBITDA가 5억 원이라면, B 기업의 가치는 약 50억 원으로 추정할 수 있다.

거래사례비교법의 장점은 평가가 현실적이며 간결하다는 점이다. 실제 시장에서 형성된 데이터에 기반하기 때문에, 평가 대상 기업의 시장 가치를 보다 현실적으로 반영할 수 있다. 또한 비교할 기업만 잘 선정하면 간단하게 기업가치를 산출할 수 있다. 그러나 이 방법은 비교 가능한 거래 사례나 상장 기업이 부족할 경우, 평가의 정확도가 떨어질 수 있다. 또한 시장 변동성에 따라 비교 대상의 가치가 급격히 변동할 수 있어, 평가 결과가 다소 변동성이 클 수 있다.

거래사례비교법은 특히 상장되지 않은 기업이나, 과거 거래 사례가 풍부한 산업에서 유용하게 사용한다. 다만, 비교 대상 기업의 선정과 지표적용에 신중을 기해야 하며, 보다 정확한 평가를 위해 다른 평가 방법들과 함께 사용하는 것이 바람직하다.

기업가치평가에서 멀티플(Multiple)은 비교 가능한 기업들의 가치를 평가하기 위해 사용되는 배수이다. 멀티플은 주로 기업의 시장가치를 그 기업의 재무지표와 비교하여 산출되며, 기업의 재무 상태나 성장성, 수익성을 반영하는 중요한 지표이다. 멀티플을 통해 기업의 가치를 추정할 때, 비슷한 산업이나 규모의 다른 기업들과 비교하여 그 기업의 상대적 가치를 평가할 수 있다.

참고
주요 멀티플의 의미와 공식

1. EV/EBITDA (Enterprise Value / Earnings Before Interest, Taxes, Depreciation, and Amortization)

EV/EBITDA는 기업가치(Enterprise Value)를 세전영업이익(EBITDA)으로 나눈 값으로, 기업의 이익 창출 능력을 평가한다. 이 배수는 기업의 현금 흐름을 측정할 때 사용되며, 자본 구조에 영향을 받지 않기 때문에 기업 간 비교가 용이하다.

$$EV/EBITDA = \frac{기업가치(EV)}{EBITDA}$$

2. PER (Price to Earnings Ratio)

PER는 주가를 주당순이익(Earnings per Share, EPS)으로 나눈 값으로, 주가가 현재 이익 수준을 기준으로 얼마나 높은지 또는 낮은지를 평가한다. 일반적으로 이 배수는 수익성을 기준으로 주가가 저평가되었는지 고평가되었는지를 판단할 때 사용된다.

3. PBR (Price to Book Ratio)

PBR은 주가를 주당 순자산가치(Book Value per Share)로 나눈 값이다. 이 배수는 기업의 자산 가치를 기준으로 주가를 평가하며, 기업이 보유한 순자산에 비해 주가가 얼마나 고평가 또는 저평가되었는지를 나타낸다.

업그레이드
멀티플의 해석과 활용

멀티플은 유사한 산업과 시장 환경에서 다른 기업들과 상대적인 비교를 통해 가치 평가에 도움을 준다. 예를 들어, PER 배수가 같은 산업 내에서 낮다면 그 기업이 저평가되었을 가능성이 있으며, EV/EBITDA 배수가 높다면 그 기업이 상대적으로 고평가되었을 가능성이 있다. 다만, 멀티플을 사용하여 기업가치를 평가할 때는 해당 산업의 특성, 시장 상황, 기업의 성장 단계 등을 고려해야 하며, 종종 여러 멀티플을 함께 사용하여 보다 정확한 평가를 도출한다. 또한, 멀티플은 기업의 내부 요인뿐만 아니라 외부 시장 요인에 따라 변동할 수 있어 다른 평가 방법들과 함께 사용하는 것이 좋다.

원가법

원가법은 기업가치를 평가할 때 기업이 보유한 자산과 부채를 기준으로 삼는 방법이다. 이 방식은 미래 수익을 고려하지 않고, 현재 자산이 지닌 가치에 초점을 맞추어 평가한다. 원가법에는 대표적으로 네 가지 방식이 있다.

첫 번째로, 순자산가치법은 기업의 자산에서 부채를 차감한 순자산가치를 평가하는 방식이다. 이때 자산의 가치는 장부가치를 사용하되, 필요에 따라 시장가치로 조정해 실제 자산의 시장가치를 반영하기도 한다. 이는 기업이 청산될 때 자산을 매각해 얻을 수 있는 금액을 기준으로 하기 때문에 기업의 실질적인 자산가치를 파악하는 데 유리하다.

　두 번째로, 재조정자산법은 현재 보유한 자산을 동일한 기능을 가진 새로운 자산으로 교체하는 데 필요한 비용을 기준으로 평가한다. 예를 들어, 회사의 기계가 현재 성능 수준을 유지하는 동일한 기계로 교체하는 데 드는 비용을 산정하여 기업가치를 평가한다. 이 방법은 기술 발전이나 시장 변화를 반영할 수 있어, 장부가치보다 현실적인 자산가치를 산출할 수 있다는 장점이 있다.

　세 번째로, 복제원가법은 현재 보유하고 있는 자산을 그대로 복제하는 데 드는 비용을 기준으로 평가한다. 이는 자산을 똑같이 복제하는 데 필요한 금액만을 고려하므로, 기술적 변화나 시간에 따른 가치를 반영하지 않고 단순히 자산을 재현하는 데 중점을 둔다.

　마지막으로, 청산가치법은 기업이 청산될 경우 자산을 매각해 부채를 상환하고 남는 금액을 기준으로 평가하는 방식이다. 이 방법은 기업이 보유한 자산을 당장 매각했을 때의 가치를 반영하기 때문에, 보통 자산의 실제 시장가치보다 낮게 평가될 수 있다. 따라서 이 방식은 기업의 부채가 자산가치보다 높아져 정상적인 운영이 어려운 상황에서 유용하게 사용된다.

　원가법은 객관적인 자산가치를 기반으로 평가할 수 있다는 장점이 있지만, 기업의 미래 성장 가능성을 반영하지 못하는 한계가 있다. 이로 인해 원가법은 보통 기업의 안정성 평가에 중점을 둘 때, 혹은 청산 가능성을 고려해야 하는 상황에서 사용되는 경우가 많다.

06
기업가치 평가를 할 때 어떤 평가방법을 사용해야 할까

기업가치의 평가방법은 여러가지 방법이 존재한다. 그렇다면 매수자 입장에서 어떠한 평가방법을 사용해야 할까? M&A단계에서 실무상 가장 많이 사용하는 기업가치평가 방법은 할인된 현금흐름할법(DCF), EV/EBITDA 방식이라고 생각한다. 이 두 가지의 평가방법을 조금 더 쉽고 직관적으로 살펴보고, 상황에 맞는 기업평가 방식을 선택하여 사용해보도록 하사.

01. 성장성이 높은 기업에 적합한 평가방법

DCF평가방법은 기업이 창출가능한 미래 현금흐름을 계산하여 이를 기업가치평가에 이용하므로 '기업의 미래가치'에 집중하는 평가방법이다. 따라서 성장성이 높은 기업의 경우 기업이 향후 창출할 수 있는 현금흐름을 구체적으로 계산하는 DCF 평가방법이 보다 적합한 평가방법이라고 생각한다.

02. 안정성이 높은 기업에 적합한 평가방법

EV/EBITDA는 기업이 현재 창출가능한 현금흐름에 멀티플(Multiple)을 적용하므로 조금 더 '기업의 현재가치'에 집중하는 평가방법이다. 따라서 성장성보다는 안정성이 높은 기업의 경우 EV/EBITDA 방식이 DCF 평가방법보다 적합한 평가방법이 될 수 있다.

03. 투자원금 회수기간에 중점을 둔 평가방법

EV/EBITDA는 다르게 해석하면 '투자금의 회수기간'이라고 표현할 수 있다. 기업이 현재 창출가능한 현금흐름으로 투자금을 몇 년 내로 회수할 수 있느냐가 EV/EBITDA에서 산출되는 멀티플(Multiple)의 의미이기도 하다. 예컨대, EV/EBITDA가 8이라고 하면 해당 기업에 투자했을 때 투자원금을 8년 이내로 회수할 수 있다는 의미라고 해석할 수도 있다.

04. 기업의 내재가치에 중점을 둔 평가방법

DCF평가방법은 기업 자체의 현금흐름과 사업계획을 기반으로 향후 3~5개년도의 미래 현금흐름을 분석하므로 조금 더 기업의 내재가치에 중점을 둔 평가방법이라고 할 수 있다.

07
매수자에 따라 기업가치는 다르게 평가된다

___

같은 기업이라도 매수자에 따라 평가되는 기업의 가치는 현저하게 달라질 수 있다. 이는 매수자의 관점에 따라 기업을 바라보는 시각이 달라지기 때문이다.

예컨대, VC나 PE와 같은 재무적 투자자(FI)의 경우 기업을 매수하여 향후 재매각을 염두하기 때문에 현금창출능력 또는 성장성에 집중하여 기업을 평가할 것이며, 전략적 투자자(SI)의 경우 타겟기업의 현금창출능력 또는 성장성 보다는 해당 기업을 인수하여 전략적 투자자가 얻을 수 있는 사업적 가치(예컨대, 신규사업 진출 가능성, 원가 절감 가능성, 인수기업의 기술을 활용하여 신제품의 출시 등)에 중점에 두고 기업을 평가할 것이기 때문이다.

매수자에 따라 기업가치가 다르게 평가되는 구체적 사례를 저가 커피 프랜차이즈 매각 사례를 통해 살펴보고자 한다.

	메가커피 (㈜엔하우스)	컴포즈커피 (㈜컴포즈커피)
인수인	보라티알 및 관계사	졸리비푸드 및 관계사
인수인의 성향	재무적투자(FI)	전략적투자(SI)
매각시기	2021년 6월	2024년 8월
인수금액 (주식 100% 가정)	1400억원	4700억원
매출액 (인수 직전연도)	601억원	888억원
EBITDA (인수 직전연도, 추정)	약 389억원	약 600억원
EV/EBITDA (추정)	약 3.6배	약 8배
가맹점 수 (인수 직전연도)	1,205개	2,360개

출처 | 필리핀 증권거래위원회 참조

　메가커피 창업자는 2021년 6월에 보라티알 측에 보유지분 100%를 약 1400억원에 매도하였으며, 컴포즈커피 창업자는 2024년 8월 졸리비푸드 측에 보유지분 70%를 약 3,300억원(100% 환산시 약 4,700억원)에 매도하였다. 메가커피는 매각 당시 매출액 약 601억원, EBITDA 약 389억원으로, EV/EBITDA 멀티플이 약 3.6배로 계산되었으며, 컴포즈커피는 매각 당시 매출액 약 888억원, EBITDA 약 600억원으로, EV/EBITDA 멀티플이 약 8배로 계산되었다. 양 회사의 매각금액 기준 멀티플이 약 2배 이상 차이가 나는데 이는 인수자 입장에서 기업을 바라보는 시각이 다르기 때문이라고 본다.

　컴포즈커피를 인수한 졸리비푸드는 필리핀 최고의 햄버거 프랜차이즈 기업으로 전략적 인수의 성향이 높다고 평가할 수 있는 반면, 메가커피를 인수한 보라티알 측은 전략적 인수보다는 재무적 인수 성향이 강하다고 보인다. 실제 메가커피 인수 이후 보라티알 측은 공격적인 배당을 실행하여 약 3년간 약 1240억원을 배당하며 3년 만에 투자금의 대부분 회수하였다(멀티플이 회수기간과 유사하게 해석될 수 있는 이유를 메가커피 매각 사례에서도 찾아볼 수 있다).

위 두 사례를 비교하면, 재무적 인수자 보다 전략적 인수자가 인수대상 회사에 멀티플을 높게 부여한 것을 알 수 있는데 이는 재무적 인수의 경우 인수기업 자체에서 발생시키는 현금창출능력이 주된 평가 항목일 것이지만, 전략적 인수의 경우 인수기업 본연의 가치 외에 인수자가 운영하는 사업과의 시너지 등을 고려하여 매각금액이 결정될 가능성이 높기 때문이다. 컴포즈커피의 멀티플이 8배로 메가커피보다 2배 이상 높게 평가된 원인은 이와 같이 인수자의 성향에 기인한다고 볼 수 있다.

물론 시장에서는 재무적 인수자가 전략적 인수자보다 멀티플을 더 높게 부여한 사례도 많다. 즉, 기업가치는 인수자에 따라 주관적으로 평가되므로 M&A 단계에서 기업가치를 산정하고 상호 조율하는 것이 가장 어려운 영역이라고 생각한다.

PART 03.

협상과
계약체결

01
M&A에 있어서
협상과정 총정리

M&A(인수합병) 과정에서 협상 및 계약체결은 매우 중요한 단계로, 거래의 성공과 실패를 좌우할 수 있다. 이 과정에서는 매수자와 매도자가 인수 조건과 거래 구조를 조율하고, 거래의 법적 요건을 명확히 하며, 거래가 원활히 진행될 수 있도록 다양한 세부 사항들을 정리하게 된다. 협상 및 계약체결 프로세스는 대체로 다음과 같은 주요 단계로 구성된다.

01. 예비 협상 및 비밀유지 계약 (NDA) 체결

M&A의 첫 단계는 매수자와 매도자 간의 예비 협상으로 시작된다. 이 과정에서는 거래 가능성을 탐색하고 양측의 기대사항을 파악한다. 예비 협상 단계에서 매도자는 인수에 관심이 있는 매수자를 찾고, 매수자는 기업에 대한 기본 정보를 수집한다.

비밀유지 계약 (Non-Disclosure Agreement, NDA)이란

거래 초기 단계에서 매수자와 매도자는 서로 비밀 유지 계약(NDA)을 체결한다. NDA는 매수자가 매도자로부터 수집한 정보를 외부에 공개하지 않겠다는 약속을 담고 있으며, M&A 과정에서 중요한 정보가 유출되지 않도록 보호하는 역할을 한다. NDA 체결 후 매수자는 매도자로부터 기업의 재무, 운영, 법률 등의 기초 정보를 제공받는다.

NDA 체결 절차 흐름도

회사 내부 협의 → 상호 NDA 검토 → 체결 및 서명 → 정보 전달

M&A의 과정에서는 기업의 수많은 핵심 정보들이 실사와 협상 과정에서 당사자 간 오가게 된다. 실사 과정에서 매도자의 핵심 영업정보가 전달되었는데 거래가 성사가 되지 않고 시장에 기업의 정보가 노출된다면 해당 매도자의 매력이 감소될 뿐 만 아니라, 추후 M&A 거래에 있어 기업가치평가에 불리한 상황에 놓일 가능성이 높다. 때문에 초기 단계부터 당사자 간의 협의 내용을 포함하여 필수적인 내용을 명확히 기재한 비밀유지계약서를 작성하는 것이 중요하다.

비밀유지계약서의 주요 내용은 M&A 거래와 관련해 제공하는 대상회사의 정보, 파생 정보 및 거래에 대한 논의가 되고 있다는 사실 그 자체 등을 제3자에게는 공개하지 않겠다는 내용으로 구성된다. 비밀유지내용은 비밀유지협약서(NDA)뿐만 아니라 인수의향서(LOI), 양해각서(MOU) 그리고 더 나아가 본 계약서(SPA)에도 포함되며 NDA는 일반적으로 다음과 같은 내용을 포함한다.

비밀정보의 구체적 내용 및 예외의 범위	어떤 정보가 비밀로 간주되는지 구체적으로 명시한다. 보통 경영 정보, 재무 자료, 기술 정보 등이 해당된다. 아울러, 비밀정보의 예외에 해당하는 정보들에 대해서도 규정하는 것이 일반적이다. 대표적으로 공지의 사실, 제3자에 의해 취득한 사실 등을 들 수 있다.

정보 사용 목적과 범위	제공된 정보를 오직 M&A 거래와 관련된 목적으로 제한할 것인지, 기타 관련된 거래에 사용할 수 있도록 할 것인지 등 정보 사용 목적과 범위에 대하여 규정한다.
정보에 접근 가능한 대상자	정보에 접근할 수 있는 대상자 범위를 규정한다. 특히 정보에 접근가능한 양 당사자의 대리인 또는 자문사의 범위 설정이 특히 문제가 된다.
의무 존속 기간	비밀 유지의 의무 기간이 명시되며, 거래 종료 후에도 일정 기간 동안 유효하도록 정하는 것이 일반적이다.
자료 반환 및 폐기	협상이 결렬되거나 계약이 종료될 경우 모든 자료를 반환하거나 폐기하도록 규정한다.
위반시 구제수단	비밀 유지의무를 위반한 경우의 구제수단에 관하여 정하여야 한다. 통상적으로 매도자측에서는 손해배상 외에도 가처분 등 기타 구제수단을 규정하기를 요구하는 경우가 많다.

02. 인수의향서(LOI) 작성 및 서명

인수의향서(LOI, Letter of Intent)는 매수자가 매도자에게 거래 조건에 대한 기본적인 제안을 정리하여 제시하는 문서이다. 인수의향서는 M&A이 세부 조건을 본격적으로 논의하기 전, 양측의 합의 의사를 확인하는 단계로, 해당 거래에 추가적인 논의를 판단하는 중요한 신호가 된다. 타겟 기업 측에서 제공한 상세 자료와 외부에 알려진 정보 및 매도인과의 접촉을 통해서 제시하는 의향서는 통상적으로 법적 구속력이 없는 것으로 받아들여진다.

인수의향서(LOI)의 작성

인수의향서는 M&A의 협상의 기준을 마련하고 양측의 거래 조건을 처음으로 공식적으로 표명하는 문서이기 때문에, 각 조항에 대한 신중한 작성이 필요하다. 인수의향서는 특별한 형식은 존재하지 않으나, 일반적으로 인수 제안 가격, 거래 구조, 자금 조달 방식, 실사(Due Diligence)

계획, 예상 일정 등의 내용으로 구성된다. 매수자는 인수의향서와 함께 비밀유지계약서, 잔고증명서, 회사소개서 등의 관련 자료를 매도자에게 송부한다.

대상회사 정보	매수자가 인수하고자 하는 타겟기업명
매수자 정보	매수자의 기본적인 개요와 재무정보
거래구조	매수의 방법(주식매수, 자산매수, 합병), 매수기한, 실사의 방법 및 기한 등 자세한 일정
매수 대상	매수 희망 대상주식에 관한 사항(대상회사, 주식의 종류, 주식의 수 등)
매수 가격	매도자의 매수 희망 가격과 본 가격의 산정방식에 대한 근거, 지불방법
기타 매수조건	이사회 승인, 사전 인허가 사항 등 기타 매수 조건
독점적 협상기간	우선협상자 선정에 따른 독점적 협상기간

인수의향서 기본 양식

우선협상자의 선정

매도자는 매수자가 작성한 인수의향서를 바탕으로 조건에 부합하는 잠재 인수자를 선정하고, 인수자에게 협상권을 부여한다. 매도자는 우선협상자 선정기준을 사전에 마련하여 공정성과 객관성을 유지하는 것이 필요하다. 하지만, 제안서 공고 이전에 작성해 둘 경우 세부 선정 기준이 시장에 노출될 수 있음에 주의해야 한다.

예상 가격, 거래 구조 등의 평가를 통해 선정된 우선협상자는 일정 기간 동안 독점권을 가지고 매도인과 협상할 권리를 가지게 된다. 매도자는 우선협상대상자와의 협상 결렬에 대비하기 위해 차선협상대상자를 함께 선정하기도 한다.

양해각서(MOU) 체결

 마지막으로, 본실사에 들어가기 전 우선협상대상자와 매도인은 인수의 향서를 기반으로 양해각서를 체결한다. 양해각서에는 거래당사자들의 거래구조, 향후 일정, 본 실사의 범위와 기간, 이행보증금에 관한 사항 등을 기재한다. 양해각서는 통상 법적 구속력은 없지만, 비밀유지조항, 배타적 협상조항, 이행보증금의 몰취에 관한 조항 등 일부 조항에 대해서는 양 당사자의 합의에 따라 법적 구속력을 부여하기도 한다. 양해각서가 일반적으로 법적 구속력이 없는 신사협정의 성격을 가진다고 하더라도, 실사나 진행과정에서 특별한 이슈가 없음에도 양해각서에서 정해진 내용을 바꾸는 것은 거래 당사자의 신뢰도의 하락과 거래에 부정적인 영향을 미칠 수 있다.

기록	협상과정 중에 합의 내용과 합의에 이르지 못한 부분 등을 기록해 향후 거래 과정에서의 복잡성을 줄이고, 협상의 효율성을 높인다.
확약	협상 대상을 명확히 설정하여 거래 상대방에 대한 불확실성을 줄이고, 거래추진과정에서 금융기관, 자문사와 같은 이해관계자들의 업무 진행에 도움을 준다.
협상 계획	양해가서 자체를 전체 M&A 협상의 구도를 설계히고, 책임지, 거래일정, 비용부담 등을 정하는 업무로 사용한다.

양해각서의 목적

03. 실사 (Due Diligence)

 실사(Due Diligence)는 M&A 과정에서 잠재적 매수자가 매도자 측에서 제공한 정보를 재무(회계, 세무), 법률, 운영 등의 측면에서 확인 및 검증하는 절차이다. 실사는 M&A 과정에서 목표 기업의 다양한 측면을 확인하고 검증하는 중요한 절차로, 정보의 비대칭성을 줄여 인수 이후 발생할 수 있는 리스크를 최소화할 수 있다.

실사는 매각 대상기업의 규모, 거래구조에 따라 기간이나 범위가 달라진다. 매수자와 매도자는 협의를 통해 양해각서에서 정한 범위 내에서 실사를 진행한다. 실사의 수행 시점에 따라 예비실사, 본 실사, 정산실사로 구분할 수 있으며 업무의 성격에 따라 일반적으로 재무실사, 법률실사, 운영실사로 나뉜다.

| 수행시점에 따른 구분

1) 예비실사

NDA 및 인수의향서를 체결한 인수자가 M&A의 적합성과 거래가격 산정을 검토하기 위해 진행하는 실사이다. 우선협상자가 지정되기 이전의 실사임으로, 본 실사에 비해 접근 가능한 자료가 제한된다. 예비실사를 통해 본실사에서 확인해야 하는 중요한 내용을 미리 확인할 수 있다.

2) 본실사

본실사는 우선협상자로 선정된 이후 진행하는 정밀 실사이다. 본실사에서는 예비실사와 다르게 기업의 중요 자료에 접근 가능하며, 기업의 방대한 자료 검토를 진행한다. 자료의 검토와 더불어, 타겟 기업의 임직원과 인터뷰, 실물 확인 등 세밀한 조사를 통해 재무, 법률, 운영적인 측면 모두를 통합해 기업의 실제 가치를 평가하는 과정이다. 본실사에서는 당사자들의 의뢰에 따라 회계사, 변호사, 컨설턴트 등 외부 전문가들이 자문사로 참가하는 경우가 일반적이다.

3) 정산실사

SPA 체결 후, 클로징 전에 최종적으로 수행하는 실사이다. 계약서 상 권리의무 이행여부를 확인하거나 본실사 진행 시점 이후의 운전자본과 같은 가격 조정 항목을 중점으로 이루어진다.

실사 유형	주요 목적	핵심 주요 사항	실사 주체
재무실사	재무 상태와 회계 자료 검증	부채 상황, 수익성, 재무 건전성 평가	회계법인
법률 실사	법적 리스크 및 규제 준수 여부 검토	지배구조, 인허가, 계약, 소송, 규제 문제 검토	법무법인
운영 실사	사업 운영의 효율성과 지속 가능성 평가	생산 효율성, 공급망, 인적 자원 검토	경영 컨설팅 회사

실사유형과 주요 사항

업무성격에 따른 구분

1) 재무 실사

재무실사는 기업의 재무 상태를 파악하고, 수익성, 현금 흐름, 부채 상황 등을 분석한다. 이 과정에서 매도자가 제공한 재무 자료의 신뢰성을 검토하며, 예상 수익과 비용을 평가한다. 재무실사를 통해 매수자는 매도자의 재무상태가 향후에도 지속가능한지를 확인하고, 적절한 인수 가격을 산정하여 협상에서 활용할 수 있다. 재무실사의 경우 일반적으로 회계법인이 실사 주체가 되어 수행한다.

재무실사 담당자는 기업의 재무제표, 감사보고서 등 회사가 제시하는 재무자료를 분석해 주요 사항을 정리해 보고한다. 재무실사 담당자는 가치 평가, 협상 및 지분투자 후 이행사항에 미치는 영향, 계약 파기 사항 유무 확인의 관점에서 실사를 진행하여 권고사항을 제시한다. 재무실사는 통상 4~6주가 소요된다.

2) 법률 실사

기업을 인수하는 과정에서는 공정거래법, 자본시장법 등 다양한 법 관련 이슈가 발생한다. 법률실사는 기업이 직면한 법적 리스크를 파악하기 위해 기업의 계약, 소송, 지식재산권, 규제 준수 여부 등을 검토한다. 법률실사의 경우 일반적으로 법무법인이 실사 주체가 되어 수행한다.

법률실사는 기본적으로 회사일반 및 주식, 인허가, 자산, 지식재산권, 계약, 인사/노무, 소송, 공정거래, 보험, IT, 환경, 안전, 보건 분야에 대해 제공된 자료를 대상으로 한다. 법률 실사 과정에서 실사 담당자는 회사가 제공한 자료와 시장 자료를 분석해 사실과 리스크를 정리하고, 그 리스크를 평가하고 조치한다. 법률실사는 전체 M&A 거래 과정에서 초반에 위치하며, 기업규모에 따라 다르지만, 법률실사는 통상 4주 내외의 기간이 소요된다.

3) 운영 실사

운영실사는 기업의 운영 현황을 파악하고, 경영 효율성, 조직 문화, 공급망, 생산성 등을 분석하여 기업 운영싱 발생할 수 있는 문제를 사전에 발견한다. 운영실사를 통해 매수자는 운영 안정성을 확보하고, 프로세스 통합, 조직 재설계 등 인수 후 시너지 방안을 수립할 수 있다. 운영실사의 경우 일반적으로 경영컨설팅 회사가 실사 주체가 되어 수행한다.

운영실사는 생산, 판매, 마케팅, 인사 자료, 경영진 역량, 조직 문화 등 정량적 정보와 정성적 자료를 대상으로 종합적인 분석을 수행한다. 운영실사 과정에서 실사 담당자는 생산의 효율성, 공급망, 인적 자원 등을 분석해 미래 가치를 예측하고 기업이 통합되었을 때 사업 환경 변화에 따른 대응책을 마련해 매수자에게 인수가격 측정, 계약서 작성 등 의사결정의 기준을 제공한다. 운영실사는 보통 3~4주가 소요된다.

| 실사 정보 관리

정확한 실사를 위해, 매도자는 실사 과정 동안 매수자에게 기업의 방대한 양의 정보를 제공한다. 일반적으로 정보의 교환은 매도자가 1차적으로 매수자에게 관련 자료를 송부하면, RFI(Request for Information)를 통해 추가 자료를 요구하는 방식으로 진행된다.

실사에 필요한 자료는 기업의 민감한 정보들을 포함하고 있기 때문에, 실사의 주체들은 NDA(비밀유지협약서) 외에도 정보의 실질적인 보안유지를 위해 지정된 인원에 한해 접근이 가능한 'Dataroom'에서 정보를 관리한다.

Dataroom은 공유드라이브 개념을 적용한 가상의 Dataroom인 VDR(Virtual Dataroom)과 별도의 공간에서 서면으로 정보를 제공하는 PDR(Physical Dataroom)로 구분된다. VDR의 경우에는 사전에 열람 인력 명단을 받아 VDR 업체가 운영하는 플랫폼을 통해 접속권한을 부여한다. VDR은 Dataroom 내 다운로드 이력을 확인할 수 있어 정보 사용자의 추적이 용이하고, 접속 권한을 해지할 경우에는 다운로드한 파일을 열람할 수 없어 보안성이 우수하다. 실무적으로는 그 편의성 등을 고려하여 통상 VDR 방식으로 실사자료를 제공하고, 다만 영업기밀 등 보안 수준이 높은 자료들의 경우 지정된 장소에서 지정된 시간 동안 서면으로만 확인할 수 있도록 정보를 제공하는 PDR 방식을 보충적으로 사용하는 것이 일반적이다.

실사는 M&A 과정에서 매우 중요한 역할을 한다. 실사를 통해 매수자는 재무, 법률, 운영 등 다양한 측면에서 매수자에 대한 정확한 정보를 파악할 수 있다. 실사 결과에 따라 매수자는 거래조건을 수정하거나, 협상을 중단할 수 있다. 실사 과정에서 문제가 발생되면 매수자는 인수 가격을 재조정하거나, 추가 조건을 제시할 수도 있다. 이러한 과정을 통해 매수자는 재무적 위험, 법적 분쟁, 운영 비효율성을 사전에 예방할 수 있다.

반면, 실사를 소홀히 하면 인수 후 예상치 못한 문제들이 발생할 수 있다. 재무적 문제나 부외 부채, 법적 분쟁, 운영상의 비효율성 등은 기업 가치를 크게 손상시킬 수 있다. 예를 들어, 과거 실사를 충분히 수행하지 않아 인수 후 막대한 부채가 드러나거나 다수의 소송에 휘말린 사례들이 있었다. 이러한 문제는 기업 운영에 큰 부담을 줄 수 있으며, M&A의 성공 가능성을 현저히 낮출 수 있다.

04. 최종 협상 및 인수 계약서(SPA) 작성

실사가 완료되면, 매수자와 매도자는 인수 조건과 세부 사항을 확정하기 위한 최종 협상을 진행한다. 최종 협상에서는 실사의 결과를 바탕으로 인수 가격, 거래 구조, 자금 조달 방식, 경영권 이전 방식 등의 세부 사항을 결정한다. 협상이 완료되면, 인수 계약서(SPA, Share Purchase Agreement)를 작성하게 된다.

| 인수 계약서(SPA)의 주요 항목

인수 계약서에는 거래의 법적 요건과 구체적인 거래 조건이 명시된다. 인수 계약서는 법적 구속력을 가지며, 인수 계약서에 따라 최종적인 대금 지급 과정 및 거래의 목적물이 확정된다. 때문에, 인수계약서를 작성할 때에는 모든 조항을 명확하게 하여 해석의 여지를 줄이고, 해당 거래의 특수성을 반영한 조항을 포함하여 상호 간의 협의사항을 적절히 반영하는 것이 중요하다. 인수 계약서를 구성하는 주요한 항목은 다음과 같다.

1) 당사자 특정과 거래 목적물

거래의 주체와 거래의 대상, 진술과 보증의 당사자 등 계약서의 내용을 명확히 정의한다. 거래 목적물이 주식인 경우에는 양수도 대상이 되는 주식의 수, 종류가 기재되어야 하며, 매도자가 다수인 경우에는 매도자별로 세부사항을 기재한다. 영업양수도의 경우에는 구체적인 양수 목록을 기재해야 한다.

2) 인수 가격 및 지급 방식

인수 가격과 그에 대한 지급 방식(현금, 주식, 혼합 등)이 명시된다. 단순한 인수 총액만 명시되는 것이 아닌, 인수 가격의 산정을 위해 사용된 가치평가방식과 조정 방식 등이 자세하게 기술되어야 한다. 대금 지급 시기의 경우에는 구체적인 지급 방식과 날짜를 기재해야 한다.

Completion Account	거래종결일 재무제표와 실사 기준일 시점의 재무제표 상의 순부채와 운전자본 금액의 차이를 조정해 추가적인 가격정산 기회를 제공하는 방식
Locked Box	과거 재무제표를 기반으로 실사 기준일과 거래종결일 사이 발생한 가치변화분에 대해 고정된 금액을 지급하는 방식
Earn out	거래 종결일 이후 정해진 기간 내에 대상회사가 일정한 조건을 충족하는 경우에는 추가 대금을 지급하는 방식

3) 진술과 보증 (Reps and Warranties)

매도자와 매수자가 거래와 관련하여 제공하는 진술과 보증 사항이 포함된다. 예를 들어, 매도자는 대상회사가 제공한 재무 자료의 신뢰성을 보증해야 하며, 매수자는 거래 후의 경영 계획을 명시할 수 있다. 진술과 보증은 매수자의 실사 과정을 보완하는 역할을 한다.

매도자의 진술과 보증	대상회사의 적법한 설립과 존속 법규 준수 여부 재무상태표 상 자산부채의 적정성 우발채무 및 세무이슈의 부존재
매수자의 진술과 보증	매수인의 적법한 설립과 존속 매수인의 거래종결에 필요한 재무적 능력 거래종결을 위한 법적 승인 등

4) 거래종결 선행조건과 확약 (Closing Conditions and Covenants)

거래종결의 선행조건은 거래 종결을 위해 반드시 충족해야 하는 조건들을 의미하는데, 실사과정에서 발견된 사항과 각 당사자의 이해관계를 종합적으로 고려하여 정하게 된다. 대표적으로 공정거래법에서 예정하는 기업결합 승인을 포함한 필수적 정부승인, 대상회사 주요 주주 또는 투자자의 승인, 실사과정에서 발견된 주요 위반사항의 시정 등이 있다.

한편, 확약이란 양 당사자에게 일정한 작위 또는 부작위 의무를 부과하는 조항을 의미하는데, 그 시기에 따라 거래종결 전 확약과 거래종결 후 확약으로 구분할 수 있다. 통상적으로는 거래종결 전 필수적으로 이행되어야 하는 사항이나 거래종결의 효력을 좌우할 선행조건에 해당할 정도의 의무에는 해당하지 않는 작위/부작위 의무, 거래종결 후 대상회사의 운영 등과 관련하여 당사자에게 법적 구속력을 부여해야 할 정도로 주요한 이행사항을 확약사항으로 규정하는 것이 일반적이다.

5) 손해배상과 해지 (Indemnity and Termination)

당사자 일방의 계약 위반, 거래종결의 실패 등 발생가능한 경우에 대한 구제수단과 그 요건이 명시된다. 특히 위약금이나 손해배상 책임을 규정하는 경우에는 책임의 존속기간, 손해배상의 대상, 손해배상액의 상한과 하한과 같은 책임의 제한 규정을 명확히 표기해야 한다.

05. 종결 (Closing)

주식의 매매계약의 효력이 발생하고 M&A 거래가 공식적으로 완료되는 단계이다. 주식 매매행위의 법률상 효력을 발생시키는데 필수적인 이행사항인 매수자의 매도자에 대한 매매대금 지급, 매도자의 대상주식에 대한 주권 교부 등 방법을 통한 소유권 이전을 통하여 매수자는 대상주식에 대한 소유권을 종국적으로 이전받게 된다.

거래 종결 절차 흐름도

이행사항 충족 여부 확인 → 인수 대금 지급 → 지분 이전

거래 종결은 일반적으로 양측의 변호사 등이 참가하여 필요한 서류의 교환을 통해 이루어진다. 세부적으로는 (1) Pre-closing, (2) Closing, (3) Post-closing의 3단계의 종결 과정을 거치게 된다.

거래 종결의 과정

1) Pre-closing

Pre closing 단계에서는 계약 당사자간의 필요서류 교환, 선행조건/확약 등 기타 계약상 의무의 이행 여부를 확인하고 점검한다. 구체적으로 M&A 거래와 관련한 필요적 정부승인의 충족 여부, 필수적 위반사항의 시정을 포함한 선행조건 또는 확약사항의 이행 여부를 확인하며, 진술 및 보장의무의 위반 여부도 점검하게 된다.

2) Closing

Pre-closing 절차를 충실히 완료한 뒤, 예정된 거래종결일에 양 당사자가 만나 최종적으로 필요서류를 확인하고, 매매대금 지급 및 대상주식의 소유권 이전에 필요한 사항들을 이행한다. 특히 매매대금 조정이 예정되는 경우라면 조정내역을 산정하고 양 당사자가 이의 없음을 확인한 뒤 최종 확정된 매매대금을 지급하는 것이 바람직하다.

3) Post-closing

Post- closing 단계에서는 계약 관련 서류의 제본 및 이해당사자에게

관련 서류 배부, 거래종결 후 확약사항의 이행 여부를 점검하게 된다.

거래개요 및 SPA 수정 합의 내용
Closing 이전에 이루어진 내용
계약 관련 서류의 배부처 내역
매도자측/매수자측 확인서류 목록
계약관련 서류 목록
조건부 날인 증서 관련 목록
각종 계약, 보험관련 목록
노사관련, 주주 관련 목록

Closing Memorandum의 세부 내용

06. 인수 후 통합 (Post-Merger Integration, PMI)

거래종결 후에는 인수한 기업과의 통합 작업이 진행된다. 이 과정에서 매수자는 대상회사의 구체적인 운영 방식을 분석하고, 자사와의 성공적인 운영상 통합을 실현하기 위한 전략을 실행하게 된다. 인수 합병이 이루어졌다는 사실만으로 매수자가 의도한 주주가치 창출이나 경영 성과의 향상이 보증되는 것은 아니다. PMI를 통하여 인수 후의 시너지 효과를 극대화하고, 운영 효율성을 높일 필요성이 있다.

인수 후 통합관계에는 사후관리팀 구성, 공유 비전의 창조, 프로세스 재구축, 인적자원통합관리 시스템 구축 등 다양한 방법이 적용되지만, 일반적으로 조직 및 문화 통합, 기술 및 시스템 통합, 재무 및 운영 통합 과정으로 구분할 수 있다.

조직 및 문화 통합

매수자는 인수 기업의 조직 구조와 문화가 자사에 적합하도록 조정하며, 인력 통합과 인사 정책 조정이 필요할 수 있다. 인수 후 초기에는 조직 문화의 차이로 인해 갈등이 발생할 수 있으므로, 통합 워크숍이나 팀빌딩 활동 등을 통해 직원 간 소통을 강화하는 것이 중요하다.

기술 및 시스템 통합

인수 기업의 정보 시스템, 기술 인프라 등을 통합하거나 업그레이드하여, 운영 효율성을 확보한다. IT 시스템 통합은 PMI에서 주요 도전 과제 중 하나로, 통합 실패 시 운영에 큰 영향을 미칠 수 있으므로 사전에 철저한 계획이 필요하다. 만약 통합이 불가능하거나 어려운 사정이 있다거나, 인수 기업이 기존에 사용하던 IT 시스템을 그대로 사용해야 할 필요성이 있는 경우에는 사전에 당사자들 간의 합의로 Transition Service Agreement 등을 체결하기도 한다. 한편, 기업결합 승인 후 기술 통합이 원활하게 진행되지 못해 일정 지연이 발생한 사례들이 있으며, 이를 해결하기 위해 사전 시뮬레이션과 테스트가 중요하다.

재무 및 운영 통합

인수 기업의 재무, 공급망, 생산 등 주요 운영 요소를 통합하여 비용 절감과 효율성을 극대화한다. 특히, 재무 통합 단계에서는 인수 기업의 기존 재무 보고 체계를 하나의 표준으로 전환하고, 이를 통해 재무 투명성을 확보하는 것이 중요하다.

M&A 과정에서 협상 및 계약 체결 프로세스는 여러 단계로 이루어지며, 각 단계에서 매수자와 매도자는 거래의 구체적인 조건을 조율하고, 법적 요건을 충족시켜야 한다. 비밀유지 계약 체결과 의향서 작성, 실사, 최종 협상 및 계약서 작성, 클로징, 인수 후 통합 등으로 이어지는 각 단

계는 M&A 거래가 원활하고 성공적으로 이루어질 수 있도록 돕는다. 특히, 협상과 계약 체결 과정에서의 세부 사항 조율은 거래의 성공과 실패를 가르는 중요한 요소이므로, 모든 과정에서 전문적인 지식과 신중한 접근이 필요하다.

참고
M&A와 관련된 법률 이슈 정리

M&A(인수합병) 과정에서는 다양한 법률적 이슈들이 발생할 수 있다. 이러한 법률 이슈는 거래의 성격, 대상 기업의 상황, 규제 기관의 요구 등 여러 요인에 따라 달라진다. 주요 M&A 법률 이슈는 다음과 같다.

첫째, 기업 지배구조와 관련된 법률 이슈가 있다. M&A 거래는 기업의 중요한 경영상 의사결정에 해당하는바 통상적으로 이사회의 승인이 요구된다. 이사회에서 이사들은 선관주의의무와 적절한 경영상 판단에 입각하여 이러한 인수거래를 추진하는 것이 회사의 최대 이익에 부합하는지 여부에 대해 충분한 자료를 바탕으로 심사숙고 한 뒤 승인하여야 한다. 한편, 단순 주식양수도 방식이 아닌 합병, 영업양수도, 포괄적 주식교환 등 상법상 조직행위를 통한 인수합병을 하는 경우에는 상법이 정한 절차를 준수하여야 하며, 통상 상법은 이러한 조직법상 행위를 하는 경우에 대상 기업의 주주총회의 승인을 요구하는 것이 일반적이며, 이러한 조직법상 행위에 반대하는 주주들을 보호하기 위한 장치로서 주식매수청구권 절차를 필수적으로 거칠 것을 요구하고 있고, M&A에 따라 당초 예상한 회사의 책임재산이 변동하게 됨에도 회사의 의사결정에 관여할 수 없는 채권자를 보호하기 위해서 변제 또는 담보제공을 선제적으로 강제하는 채권자보호절차를 규정하기도 한다.

둘째, 공정거래법상 기업결합 승인 이슈가 있다. M&A 거래는 결과적으로 인수기업과 피인수기업의 기업결합의 효과를 발생시키는바, 일정한 규모 이상의 기업결합에 대해서는 기업결합에 따라 독점적 지위를 초래하거나 공정한 경쟁을 저해할 가능성이 있는지 여부에 관하여 공정거래위원회의 심사와 승인을 받을 것을 요구하고 있다. 공정거래위원회는 인수 거래의 규모, 인수 후 시장 점유율 등을 기준으로 해당 M&A에 따른 경쟁제한성 정도를 평가하게 되며, 경쟁제한성이 심각하다고 판단될 경우 M&A를 승인하지 않거나 조건을 부과하여 승인하는 것도 가능하다. 대표적인 예로, 대한항공의 아시아나항공 인수와 관련하여 공정거래위원회 및 유럽연합집행위원회에서 경쟁제한성 우려를 해소하기 위한 시정사항 이행을 조건으로 하는 조건부 승인조치를 한 바 있다.

셋째, 계약서 작성 및 협상 이슈가 있다. M&A 거래에서는 거래구조에 따른 계약서의 작성이 중요한 법률적 문제이다. 계약서에는 거래 조건, 인수 금액, 거래 완료일, 각 당사자의 의무와 구제수단 등이 명시된다. 각 당사자는 인수과정 및 인수 후에 필요한 사항들을 계약서에 반영하고자 하며, 거래상대방의 계약상 의무위반 또는 예기치 않은 손해가 발생할 경우를 대비하여 자신에게 유리한 구제수단을 정할 유인이 있다. 이러한 계약서 작성과 협상의 전 과정에서 현행 법령과 법원의 입장에 부합하게 계약서가 작성될 수 있도록 유의할 필요가 있고, 특히 구제수단의 실행은 궁극적으로 법원을 통하여 이루어지기 때문에 구제수단의 실효성 확보를 위해서 법률적 검토는 필수적인 부분이 된다.

넷째, 노동법 이슈가 있다. 특히 합병과 같은 조직 재편 과정에서 대상

회사의 임직원에 대한 고용 승계 등 노동법상 이슈가 중요하게 부각된다. 매수자가 기존의 고용 관계를 유지하고자 하는지, 종료하고자 하는지 여부에 따라 검토와 대응 과정이 달라질 수 있다. 특히 노동조합이 존재하는 경우에는 사정이 더욱 복잡해진다.

다섯째, 세무 이슈가 있다. 거래 구조에 따라 발생하는 세금의 유형과 액수가 달라질 수 있으므로 세무 관점에서 당사자에게 최적인 거래 구조를 설계할 필요가 있다. 특히 합병과 같은 상법상 조직개편에 관하여 국내 세법상 일정한 요건을 구비하는 경우에는 과세이연 등 혜택을 부과하는 경우들이 있으므로 이러한 사항들에 대한 고려도 필수적이다.

여섯째, 지식재산권 및 라이선스 이슈가 있다. M&A 대상 기업이 보유한 특허, 상표, 저작권 등 지식재산권의 이전 및 보호가 중요하다. 특히 기술 기업이나 콘텐츠 중심의 기업에서는 이 문제가 거래 성공 여부를 좌우할 수 있다. 또한, 기업이 사용 중인 소프트웨어나 기타 기술 라이선스가 M&A 이후에도 유효한지, 제3자의 승인이 필요한지를 확인해야 한다.

일곱째, 정부 승인 이슈가 있다. 특정 산업, 예를 들어 금융, 의료, 통신 등은 관련 인허가 법령에 따른 엄격한 규제를 받으며, 해당 사업을 영위하는 기업에 대한 M&A시에 규제 당국의 정부 승인을 받을 것을 요구하는 경우가 있다.

여덟째, 국제 거래 및 외국인 투자 규제가 있다. M&A 거래가 국제적으로 이루어질 경우 외국인 투자 규제가 중요한 이슈로 작용할 수 있다. 여러 국가에서는 외국인의 자국 내 기업 인수에 대해 엄격한 규제를 적용하며, 국가 안보나 핵심 산업에 대한 외국인 소유권 제한이 있을 수 있다.

예를 들어, 산업기술보호법은 외국인이 국가핵심기술을 보유하는 기업을 인수하는 경우에는 산업통상자원부장관의 사전 승인을 받을 것을 요구하고 있으며, 외국인투자촉진법은 기술유출을 비롯하여 국가안전과 공공질서 유지에 지장을 주는 외국인투자에 대해서는 그 투자를 제한할 수 있도록 규정하고 있다.

아홉째, 소송 및 분쟁의 가능성이다. M&A 과정에서 계약 위반, 부실 진술 등으로 인한 소송과 분쟁이 발생할 수 있다. 매수자는 매도자의 진술과 보장이 사실과 다르거나 중요한 정보가 누락된 경우 법적 대응을 할 수 있으며, 이에 대비한 분쟁 해결 조항이 계약서에 포함되기도 한다.

M&A 거래는 다양한 법률적 고려 사항을 포함하므로, 각 단계에서 철저한 법적 검토와 전문가의 자문이 필수적이다. 계약, 규제, 고용, 지식재산권, 세금 등 여러 법적 이슈를 사전에 검토하고 적절한 대응 전략을 마련하는 것이 중요하다.

참고

M&A 거래구조에 있어서
검토해야 할 상법 총정리

M&A를 진행할 때, 그 형태에 따라 상법상 여러 가지 법적 고려사항을 신중하게 검토해야 한다. 상법은 기업의 합병, 분할, 영업 양도 등을 규제하는 주요 법률로, 이를 준수하지 않으면 거래가 무효가 되거나 법적 분쟁으로 이어질 수 있다. 구체적으로 상법에서 M&A와 관련된 주요 조항들을 설명하면 다음과 같다.

합병 절차에 대한 규정 (상법 제522조 ~ 제530조)

M&A 중 합병은 두 개 이상의 회사가 하나로 통합되는 것을 의미하며, 상법에서 합병 절차와 관련된 여러 규정을 명시하고 있다.

① 합병계약서 작성 (상법 제522조)

합병을 진행하려는 회사는 합병계약서를 작성해야 한다. 합병계약서에는 합병 방법, 합병 대가(주식, 현금 등), 합병 후의 회사명, 자산 및 부채 처리 방식 등이 포함되어야 한다.

상법 제522조: 회사는 합병을 함에 있어서는 합병계약서를 작성하고 주주총회의 승인을 얻어야 한다.

② 주주총회의 합병 승인 (상법 제522조, 제434조)

합병 계약서가 작성되면, 원칙적으로 양사의 이사회 및 주주총회에서 이를 승인해야 한다. 특히 주주총회에서는 합병의 목적, 방법, 조건 등에 대한 설명이 이루어지며, 합병은 주주총회의 특별 결의를 통해 승인되어야 한다.

상법 제522조: 회사가 합병을 함에는 합병계약서를 작성하여 주주총회의 승인을 얻어야 한다. 그 승인결의는 주주총회 특별결의를 거쳐야 한다.

③ 채권자 보호 절차 (상법 제527조의5)

합병이 이루어지기 전에 합병 회사는 채권자 보호 절차를 진행해야 한다. 합병에 따라 채권자가 당초 예상한 책임재산에 변동이 발생할 수 있음에도 채권자는 이러한 합병 절차 진행에 대한 승인권을 갖지 못하기 때문을 고려하여, 우리 상법은 일정 기간 내에 반대 의견을 제시하는 채권자들에 대하여 회사가 그 채권액을 변제하거나 상당한 담보를 제공하는 등의 채권자 보호 절차를 이행할 것을 필수적으로 요구하고 있다.

상법 제527조의5, 제232조: 회사는 합병 승인 주주총회의 승인결의가 있은 날부터 2주내에 채권자에 대하여 합병에 이의가 있으면 1월이상의 기간내에 이를 제출할 것을 공고하고 알고 있는 채권자에 대하여는 따로따로 이를 최고하여야 한다. 이의를 제출한 채권자가 있는 때에는 회사는 그 채권자에 대하여 변제 또는 상당한 담보를 제공하거나 이를 목적으로 하여 상당한 재산을 신탁회사에 신탁하여야 한다.

④ 합병반대주주의 주식매수청구권 (상법 제522조의3)

합병에 반대하는 주주의 이해관계를 보호하기 위하여, 상법은 합병 반대주주에게 주식매수청구권을 부여하며, 합병에 반대하는 주주는 이를 근거로 회사에 자신의 주식을 매수하도록 요구할 수 있다.

상법 제522조의3: 합병에 반대한 주주는 주식매수청구권을 행사할 수 있으며, 회사는 주주의 요구에 따라 그 주식을 공정한 가격에 매수해야 한다.

| 영업 양도에 대한 규정 (상법 제374조, 제374조의2)

영업양수도는 회사의 영업을 그 인적, 물적 동일성을 유지한 채 양수인에게 양도하는 방식의 M&A로서 상법이 허용하는 조직개편의 방식 중 하나이다. 상법은 회사의 영업 전부 또는 중요한 일부를 양도하고자 하는 경우에는 주주총회 특별 결의를 받을 것을 요구하며, 영업양도에 반대하는 주주들에 대하여 주식매수청구권도 부여하고 있다.

상법 제374조: 회사가 영업 전부 또는 중요한 일부를 양도하는 경우, 주주총회의 특별결의를 얻어야 한다.

참고
적대적 M&A 방어 관련 상법 규정

　적대적 M&A란 대상회사 또는 기존 지배주주와의 합의나 계약이 없음에도 장내 매집, 위임장 권유, 공개매수 등 방법을 통하여 그 경영권을 취득하고자 하는 시도를 의미한다. 기존 지배주주 또는 경영진은 이를 방어하기 위하여 상법(상장회사의 경우 자본시장법 포함)상 신주발행, 자사주 처분 등 수단을 활용하는 방안을 고려할 수 있다.

　① **신주 발행을 통한 백기사 확보 (상법 제418조)**
　회사는 경영권이 위협받는 상황에서 우호적인 제3자에게 신주를 발행하여 우호 지분을 늘리는 방안을 고려할 수 있다. 다만, 상법은 제3자 배정 방식의 신주발행을 신기술의 도입, 재무구조의 개선 등 경영상 목적을 달성하기 위하여 필요한 경우에 한하고 있고, 이에 따라 대법원은 경영권 분쟁 상황에서의 제3자 배정 방식의 신주 발행은 경영상 목적을 부정하여 위법하다고 판시하고 있는바, 경영상 목적이 인정될 수 있는 사업상 제휴관계에 있는 자에게 신주를 발행하여야 하며, 적대적 인수시도자의 신주발행금지 가처분에 대하여 이러한 경영상 목적을 충분히 소명하는 것이 필요할 수 있다.

② 자사주 처분을 통한 백기사 확보 (상법 제342조)

회사는 보유중인 자사주를 우호적인 제3자에게 처분하는 방식으로 백기사를 확보하는 방안을 고려할 수 있다. 자사주의 경우 의결권이 없는 것이 원칙이나, 이처럼 제3자에게 처분하는 경우에는 의결권이 부활되어 사실상 우호지분이 증대되는 효과가 있기 때문이다. 상법은 신주발행과 달리 자사주 처분은 이사회 결의만으로 가능하다고 하며, 별도의 경영상 목적을 요구하고 있지 아니하는바, 원칙적으로 경영권 분쟁 상황에서도 자사주 처분을 통한 백기사 확보 방식은 활용가능하다고 할 수 있다. 다만, 이는 기존적으로 회사가 충분한 수량의 자사주를 매입하고 있음을 전제로 하는 것이고, 특히 최근 하급심 법원은 경영권 방어 목적의 자사주 처분에 대하여 제동을 거는 취지의 판결을 한 바 있어 주의를 요한다.

PART **04.**

매도인의 주의사항

01
매도인이 M&A 혹은 투자유치 각 단계별로 챙겨야 할 것들

01. 매각(투자유치) 전략 수립

매각 또는 투자유치를 시작하기 전에 기업은 명확한 전략을 수립해야 한다. 이를 위해 기업의 현재 상황과 미래 목표를 분석하고, 매각 또는 투자유치의 목적을 명확히 정의해야 한다. 예를 들어, 기업은 성장 자금 조달, 시장 확대, 기술 획득, 부채 상환 등의 목적을 가질 수 있다. 또한 대상 투자사 또는 인수자의 유형(전략적 투자자, 재무적 투자자 등)을 결정하고, 거래의 예상 구조와 조건을 구상해야 한다.

02. 매각(투자유치) 준비

전략 수립 후에는 매각 또는 투자유치를 위한 구체적인 준비를 시작해야 한다. 이 단계에서는 기업의 재무제표, 사업계획서, 법률 문서 등을 정비하여 투자자들에게 제공할 자료를 준비해야 한다. 또한 내부적으로 잠재적 리스크를 식별하고 이를 최소화하기 위한 조치를 취해야 한다. 정보 비대칭을 줄이기 위해 상세한 기업 소개서(IM, Information Memorandum)를 작성해야 한다.

03. 마케팅(투자자 탐색)

준비된 자료를 바탕으로 잠재적인 투자자나 인수자를 탐색해야 한다. 이를 위해 투자은행, M&A 전문 컨설팅 업체, 법률 자문사 등의 네트워크를 활용해야 한다. 기업의 매력도를 높이기 위한 마케팅 전략을 수립하고, 기업의 간략한 정보가 담긴 티저(Teaser)를 배포하여 관심을 유도해야 한다.

04. 투자자 접촉 및 협상 시작

관심을 보인 투자자들과 접촉하여 비밀유지계약(NDA, Non-Disclosure Agreement)을 체결한 후 상세한 정보를 제공해야 한다. 투자자들과의 초기 미팅을 통해 기업의 가치와 성장 가능성을 설명하고, 투자자들의 투자 의향과 조건을 파악해야 한다. 이 과정에서 거래 구조, 예상 투자 금액, 협력 방식 등에 대한 초기 협상을 시작해야 한다.

05. 예비실사

투자자들은 기업에 대한 예비적인 실사를 수행해야 한다. 이는 주로 공개된 정보와 기업이 제공한 자료를 바탕으로 하며, 재무 상태, 시장 위치, 경쟁력 등을 평가해야 한다. 예비실사를 통해 투자자들은 투자의 타당성을 검토하고, 인수 또는 투자 의향서를 제출할지 결정하게 된다.

06. MOU 체결

예비실사 결과와 초기 협상 내용을 토대로 양측은 양해각서(MOU, Memorandum of Understanding)를 체결해야 한다. MOU에는 거래의 기본적인 조건, 일정, 배타적 협상권 부여 여부, 비밀 유지 조항 등이 포함되며 본격적인 협상의 기반이 된다.

07. 본실사

MOU 체결 후 투자자들은 본격적인 실사를 진행해야 한다. 재무, 법률, 세무, 영업, 인적 자원 등 다양한 분야에서 심층적인 검토가 이루어진다. 이 과정에서는 잠재적 위험 요소, 숨겨진 부채, 계약상의 문제 등을 식별하고, 이를 거래 조건에 반영해야 한다.

08. 거래가격 등 조건 협상

본실사 결과를 바탕으로 최종 거래 조건을 협상해야 한다. 거래 가격, 지급 방식(현금, 주식 교환 등), 보증 및 면책 조항, 선행 조건 등 거래의 모든 세부 사항을 논의해야 한다. 이 단계에서는 법률 자문사와 재무 자문사가 적극적으로 참여하여 계약서의 주요 조항을 확정해야 한다.

09. 승인

협상된 거래 조건은 내부 및 외부의 승인을 받아야 한다. 내부적으로는 기업의 이사회, 주주총회 등의 승인이 필요할 수 있으며, 외부적으로는 규제 기관(예: 공정거래위원회, 금융감독원 등)의 승인이나 신고 절차를 거쳐야 한다. 특히 특정 산업에서는 추가적인 정부 승인이나 라이선스 이전 절차가 필요할 수 있다.

10. 본계약 체결

모든 승인이 완료되면 최종적으로 본계약(SPA, Share Purchase Agreement)을 체결하게 된다. 본계약에는 거래의 모든 조건과 각 당사자의 권리와 의무, 위약 시 제재 조항 등이 상세히 명시된다. 이는 법적 구속력이 있는 문서로서, 거래 완료를 위한 마지막 단계가 된다.

11. 종결(클로징)

본계약에 명시된 모든 선행 조건이 충족되면 거래를 공식적으로 완료하는 클로징 단계에 들어간다. 이 단계에서는 주식 또는 자산의 이전, 대금 지급, 필요한 서류 교환 등이 이루어진다. 또한 계약서에 따른 후속 조치(예: 경영진 교체, 조직 통합 등)도 수행된다. 클로징이 완료되면 거래는 공식적으로 종료되며, 인수 후 통합(PMI, Post-Merger Integration) 작업이 시작된다.

위의 절차를 통해 기업은 M&A를 효과적으로 진행할 수 있으며, 각 단계에서의 철저한 준비와 전문적인 자문은 거래의 성공 가능성을 높일 수 있다. 매각 또는 투자유치를 원하는 기업은 이러한 절차를 이해하고, 체계적으로 접근하는 것이 중요하다.

02
진술 및 보증사항 위반과 관련한
매도인의 손해배상의 범위

진술 및 보증의 의의 및 기능

M&A 계약에서 진술 및 보증이란 주식인수계약 혹은 신주인수계약 등과 같은 계약에서 매도인이 매매 당사자와 매매대상 기업(재무 상황, 법규 등의 준수 여부, 우발 채무의 존부 등)에 대한 사실을 매수인에게 진술하고, 그 정보가 진실함을 매수인에게 보장하는 약정이다. 매수인으로서는 제한적으로 공개된 정보만을 가지고 해당 기업의 가치에 영향을 미치는 변수를 판단할 수 없는 경우가 많고, 진술 및 보증 약정이 매수인 입장에서 불확실성으로 인한 계약체결 이후의 위험분배 및 가격조정의 역할을 하는 것이 중요한 기능 중 하나라고 볼 수 있다.

진술·보증 위반으로 인한 매도인의 손해배상의 범위

매도인이 주식인수계약서에서 진술·보증한 내용이 향후 사실과 달라서 매수인에게 손해가 발생하는 경우, 매도인의 손해배상책임 범위가 문제된다. 기업인수계약에서 진술·보증 위반으로 인한 손해배상의 범위나 금액을 정하는 조항이 있다면 계약서에 기재된 바에 따르지만, 기업인수계약에 구체적인 규정이 없는 경우에는 "매수인이 소유한 대상회사의 주식 가치 감소분" 또는 "매수인이 실제 지급한 매매대금과 진술·보증 위반을 반영하였을 경우 지급하였을 매매대금의 차액"을 산정하는 등의 방법으로 손해배상액을 정한다(대법원 2018. 10. 12. 선고 2017다6108 판결 참고).

매도인의 진술·보증 위반사항을 알고 있는 매수인에 대해서도 손해배상책임을 부담하는지 여부

매도인이 진술·보증하였으나 매수인이 그 위반사항을 알고 있는 경우에도 매도인이 진술·보증 위반에 따른 손해배상 책임을 지는지 문제된다.

이와 관련하여 우리 대법원은 주식양수도계약서에 진술 및 보증 조항을 둔 것은, 주식양수도계약이 이행된 후에 매도인들이 매수인에게 진술 및 보증하였던 내용과 다른 사실이 발견되어 매수인에게 손해가 발생한 경우에 매도인으로 그 손해를 배상하게 함으로써 매도인와 매수인들 사이에 불확실한 상황에 관한 경제적 위험을 배분시키고, 사후에 현실화된 손해를 감안하여 주식양수도대금을 조정할 수 있게 하는 데 그 목적이 있는 것으로 보고 있으며, 이러한 경제적 위험의 배분과 주식양수도대금의 사후 조정의 필요성은 매도인과 매수인이 진술 및 보증한 내용에 사실과 다른 부분이 있음을 알고 있었던 경우에도 여전히 인정된다고 판단하고 있다(대법원 2015. 10. 15. 선고 2012다64253 판결).

즉, 주식양수도계약의 양수도 실행일 이후에 진술 및 보증 조항의 위반사항이 발견되고 그로 인하여 손해가 발생하면, 매수인이 그 위반사항을 계약 체결 당시 알았는지 여부와 관계없이, 매도인은 매수인에게 그 위반사항과 상당인과관계 있는 손해를 배상하는 것이 일반적이라고 볼 것이다.

진술보장과 관련된 계약서 작성시 매도인 측 유의사항

　대법원 2015. 10. 15. 선고 2012다64253 판결은 주식양수도계약서에 "매수인이 진술 및 보증 조항의 위반사실을 알고 있는 경우에도 손해배상책임 등이 배제된다는 규정이 없다"는 것을 전제로 악의의 매도인에 대하여도 손해배상책임을 인정한 것으로 보인다. 따라서 주식양수도계약서에 진술 및 보증사항 위반 사실을 인식하고 있는 매수인에 대한 손해배상책임을 제한하거나, 진술 및 보증사항의 범위를 최대한 좁게 작성하는 것이 주식양수도 이후 매도인 입장에서 분쟁을 최소화할 수 있는 방법이라고 생각한다.

03
매도인의 세금 부담 문제

일반적인 주식양수도 구조에서 매도인의 세금 부담 비율

매도자가 매수자에게 주식을 양도할 경우 매도자에게는 일반적으로 소득세법에 따른 양도소득세가 부과된다(소득세법 제88조). 현재 상장회사의 경우 소액주주의 경우 양도소득세가 부과되지 않고, 대주주에게만 주식 양도소득세가 부과되나, 비상장주식의 경우 아래 표와 같이 매도자에게 양도소득세가 부과된다.

양도소득과세표준	세율
3억원 이하	20퍼센트
3억원 초과	6천만원 + (3억원 초과액 X 25퍼센트)

중소기업의 대주주가 양도하는 주식에 대한 양도소득세율

결국 비상장주식을 매각하는 대주주의 경우 지방소득세를 포함하면 양도소득과세표준의 약 27.5%를 세금으로 납부하여야 한다.

복잡한 거래 구조로 인하여 3번의 세금을 납부한 사례

M&A과정에서 일반적이지 않은 구조로 거래를 진행하였다가 실제로는 한 번의 세금만을 납부 해야함에도 불구하고 여러 번의 세금을 납부한 사례를 목격한 적이 있다. M&A 거래 구조를 설계할 때에는 각 단계의 거래가 성사될 때마다 권리 주체에게 납세의무가 발생한다는 점을 유의하여야 한다. M&A 거래구조가 단순하지 않고 복잡하다면 반드시 M&A 조세 전문가의 검토가 필요하다.

주식매각 후 벤처기업 등 재투자에 대한 과세특례

벤처기업 등의 최대주주가 보유 주식을 제3자에게 양도하고, 그 양도대금 중 50% 이상을 특정기업에 재투자하는 경우에는 대주주가 납부해야 할 양도소득세를 이연해주는 제도가 있다(조세특례제한법 제46조의8). 중소기업의 대주주가 주식을 매각하면 지방소득세를 포함 하여 27.5%의 세율로 양도소득세를 납부해야한다. 과세표준이 1,000억원이라면 275억원을 세금으로 납부해야하는 것이다. 통상 대규모 매각을 한 뒤에 일정 부분을 다시 주식 등에 재투자 하는 매도자가 많다는 것을 보면, 회사 매각 전부터 이러한 과세특례 제도를 적용받을 수 있게 매각단계에서 힘께 준비를 고려하는 것도 절세를 위한 좋은 방법이라고 생각한다.

- **과세특례 대상 주주**: 매각대상기업의 창업자 또는 발기인으로서 동 기업의 주주인 자
- **기업매각 요건**: 본인 보유 주식의 30%이상 양도
- **재투자 기한**: 양도한 주식의 소득세법상 양도소득 예정신고기간의 종료일부터 1년

조세특례제한법 제46조의8을 적용받기 위한 요건

PART 05.

매수인의 주의사항

01
매수인의 주의사항

M&A(인수합병)에서 매수인의 전략은 단순히 회사를 인수하는 데 그치지 않고, 이를 통해 장기적으로 성장을 촉진하고 경쟁 우위를 확보하기 위한 방향이어야 한다. 매수인은 시장에서의 입지 강화, 새로운 기술 확보, 비용 절감, 시너지 효과 창출 등 다양한 목적을 가지고 M&A를 추진하며, 성공적인 거래를 위해 구체적인 전략을 수립해야 한다. 이를 위해 매수인이 고려해야 할 주요 전략을 설명하면 다음과 같다

01. 목표 설정과 거래 목적의 명확화

매수인은 M&A 거래를 통해 달성하고자 하는 목표를 명확히 설정해야 한다. 이는 기업의 전반적인 전략적 목표와 긴밀히 연결되어야 하며, 장기적인 비전과 일치해야 한다. 예를 들어, 새로운 시장으로의 진출, 제품 라인 확장, 기술 혁신, 시장 점유율 확대, 비용 절감 또는 경쟁사와의 협력을 통한 경쟁 우위 확보가 그 목적이 될 수 있다. 명확한 목표는 거래 과정에서의 판단 기준을 제공하며, 거래의 성공 여부를 평가할 때도 기준이 된다.

02. 적합한 대상 기업 선정

매수인은 목표를 달성하기 위해 적합한 대상 기업을 신중하게 선정해야 한다. 대상 기업이 매수인의 사업과 얼마나 잘 맞는지, 그리고 시너지를 얼마나 창출할 수 있는지가 핵심 평가 기준이다. 이를 위해 매수인은 대상 기업의 재무 상태, 경영진의 역량, 조직 문화, 기술력, 시장 내 위치 등을 철저히 분석해야 한다. 특히, 대상 기업이 매수인의 기존 사업과 어떻게 통합될 수 있는지, 그리고 인수 후 어느 정도의 효율성을 높일 수 있을지를 면밀히 검토하는 것이 중요하다.

03. 가치 평가 및 적정 가격 설정

매수인은 대상 기업의 가치를 객관적이고 신중하게 평가해야 한다. 이를 위해 재무 제표 분석, 현금 흐름 예측, 업계 평균 가치 평가 모델 등을 활용할 수 있다. 매수인은 가치를 과대평가하여 지나치게 높은 가격을 지불하지 않도록 주의해야 하며, 인수 후의 예상 수익이나 비용 질감 효과를 고려하여 합리적인 가격을 설정해야 한다. 적정 가격을 설정하는 것은 매수인의 투자 회수율을 높이는 데 결정적인 역할을 하므로, 시장에서의 경매적 분위기에 휩쓸리지 않고 냉정한 판단이 필요하다.

04. 리스크 관리 전략

M&A 거래는 본질적으로 다양한 리스크를 동반한다. 재무 리스크, 법적 리스크, 통합 리스크, 규제 리스크 등이 대표적인 예다. 매수인은 실사를 통해 이러한 리스크를 사전에 파악하고, 이를 최소화할 수 있는 전략을 세워야 한다. 특히, 대상 기업의 숨겨진 부채, 소송 문제, 잠재적인 규제 문제 등을 면밀히 조사하고, 인수 후 통합 과정에서 발생할 수 있는 조직 및 문화적 충돌을 미리 대비해야 한다. 또한, 거래의 실패 가능성도 고려하여 계약서에 매수인을 보호할 수 있는 조항을 마련해 리스크를 분산하는 것이 중요하다.

05. 자금 조달 전략

매수인은 M&A 거래를 성공적으로 완료하기 위해 적절한 자금 조달 전략을 마련해야 한다. 이를 위해서는 자기자본, 차입금, 주식 발행 등 다양한 방법을 고려할 수 있다. 각 자금 조달 방법에는 장단점이 있으며, 매수인은 기업의 재무 상태, 시장 환경, 금리 상황 등을 종합적으로 고려하여 최적의 조달 방식을 선택해야 한다. 또한, 차입을 통한 M&A의 경우 부채 비율이 지나치게 높아지지 않도록 신중하게 계획해야 하며, 인수 후에도 안정적인 재무 구조를 유지할 수 있는지를 고려해야 한다.

06. 통합 계획과 시너지 창출

M&A의 궁극적인 목표는 두 회사 간의 시너지를 창출하는 것이다. 이를 위해서는 인수 후 통합 과정이 매우 중요하다. 매수인은 운영, IT 시스템, 인력, 조직 문화 등을 어떻게 통합할 것인지에 대한 구체적인 계획을 세워야 한다. 특히, 통합 과정에서 직원들의 사기 저하나 이탈을 방지하기 위한 효과적인 커뮤니케이션 전략이 필요하다. 매수인은 양사 간의 강점을 결합하여 비용 절감, 생산성 향상, 시장 점유율 확대 등의 시너지를 창출할 수 있는 방법을 찾아야 한다.

07. 규제 당국 및 이해관계자 관리

M&A 거래는 종종 규제 당국의 승인을 필요로 하며, 매수인은 이를 미리 고려해야 한다. 특히, 대형 거래나 독점에 영향을 미칠 수 있는 거래는 규제 당국의 철저한 심사를 받게 되므로, 사전에 이를 대응할 준비가 필요하다. 또한, 주주, 직원, 고객, 파트너 등 다양한 이해관계자들과의 관계도 신중히 관리해야 한다. 인수 합병에 대한 우려를 최소화하고, 긍정적인 기대감을 심어줄 수 있는 커뮤니케이션 전략이 필요하다.

08. 장기적 성장 전략과 지속 가능한 경쟁 우위 확보

 매수인은 인수 후 단기적인 목표에 그치지 않고, 장기적인 성장 전략을 수립해야 한다. M&A를 통해 확보한 기술, 인력, 시장 등의 자산을 효과적으로 활용하여 경쟁력을 지속적으로 강화하는 것이 중요하다. 이를 통해 매수인은 단순히 경쟁자를 제거하거나 시장 점유율을 확장하는 데 그치지 않고, 장기적으로 지속 가능한 경쟁 우위를 확보할 수 있다.

 종합적으로, 매수인의 M&A 전략은 명확한 목표 설정과 대상 기업의 적합성 평가, 적정한 가격 책정, 리스크 관리, 자금 조달, 통합 계획, 이해관계자 관리, 그리고 장기적 성장 전략 등을 종합적으로 고려해야 한다. 각 요소가 유기적으로 연결되어야만 매수인은 M&A 거래를 성공적으로 이끌 수 있으며, 이를 통해 지속 가능한 경쟁력을 확보할 수 있다.

참고

매수인의 입장에서 주의해야 할 근로관계 승계 이슈

M&A(인수합병) 과정에서 근로관계 승계는 매우 중요한 이슈 중 하나로, 이는 인수 또는 합병으로 인해 해당 기업의 근로자들이 어떤 방식으로 새로운 고용주와 근로관계를 유지하게 될지를 규정하는 부분이다. 근로관계 승계에 대한 문제는 특히 근로기준법에서 명확하게 규정되어 있으며, 근로자의 권리 보호와 근로계약의 지속성을 보장하기 위한 여러 조항들이 존재한다.

다음은 M&A 과정에서 근로관계 승계와 관련된 근로기준법의 주요 조항과 그 설명이다.

1. 근로계약의 승계 의무 (근로기준법 제23조, 제24조)

근로기준법은 기업이 합병 또는 영업양도 등의 형태로 M&A가 이루어질 때 근로자와의 근로계약을 보호하기 위한 조항들을 규정하고 있다.

① 근로계약의 계속성 (근로기준법 제23조)

기업이 합병 또는 영업양도를 할 경우, 근로관계의 계속성이 보장된다. 즉, 인수 기업은 기존 고용주의 지위와 의무를 승계받아 근로관계를 유지해야 하며, 근로자와 맺은 기존의 근로계약이 그대로 유효하게 지속된다. 이는 근로자의 고용 안정성을 보장하기 위한 조치다.

근로기준법 제23조 제1항: 사용자는 근로자에게 정당한 이유 없이 해고, 휴직, 정직, 감봉 기타 징벌을 하지 못한다.

M&A로 인해 고용주가 변경되더라도, 원칙적으로 근로자는 기존 근로계약의 조건에 따라 계속 고용된다.

② 정리해고 제한 (근로기준법 제24조)

근로기준법 제24조는 기업이 경영상 필요에 따라 근로자를 정리해고할 수 있는 경우를 명시하고 있으며, 이러한 해고는 반드시 긴박한 경영상의 필요성이 인정될 때만 가능하다. M&A를 이유로 근로자들을 일괄적으로 해고하는 것은 허용되지 않으며, 경영상의 이유로 해고할 경우에도 법적으로 정해진 절차를 준수해야 한다.

근로기준법 제24조 제1항: 사용자는 경영상 이유에 의하여 근로자를 해고하려면 긴박한 경영상 필요가 있어야 한다.

근로기준법 제24조 제2항: 경영상 이유에 의한 해고는 해고를 피하기 위한 노력을 다한 후에만 가능하며, 해고 50일 전에 근로자 대표에게 통보하고 협의해야 한다.

따라서, M&A 이후 경영상 어려움이 있다고 하더라도, 원칙적으로 법적 절차와 정당한 이유 없이 근로자를 해고하는 것은 불가능하다.

2. 영업양도 시 근로관계 승계

영업양도는 회사의 특정 사업부 또는 영업 부문을 다른 회사로 이전하는 형태의 M&A 방식 중 하나이다. 영업양도가 이루어질 경우, 근로자들의 근로관계가 자동으로 승계되는지 여부는 중요한 문제다.

근로조건과 인력의 승계 원칙

우리 대법원은 영업양도 당사자 사이에 반대의 특약이 없는 한 고용관계는 승계되고, 근로자의 일부를 제외하는 특약이 있으며 그에 따른 승계 배제는 가능하지만, 이는 사실상 해고나 다름이 없다고 할 것이므로 근로기준법 제23조 제1항 소정의 '정당한 이유'가 없는한 무효라는 입장이다(대법원 1994.6.28. 선고 93다33173 판결).

즉, 특별한 사정이 없는 한 영업양도시 근로관계는 승계되는 것이 원칙이다. 다만, 이전대상 근로자는 반대의 의사를 표시함으로써 양수인에게 승계되는 대신 양도인에 잔류하거나 양도인과 양수인 모두에서 퇴직할 수도 있다.

3. 근로자 보호 및 통지 의무 (근로기준법 제26조, 제27조)

M&A를 진행하는 과정에서 근로자의 고용 관계 변화에 대해 미리 통지하고 설명할 의무가 있다. 이 의무를 통해 근로자들은 자신의 권리와 고용 상태 변화에 대한 정보를 미리 파악할 수 있게 된다.

① 해고 통지 및 서면 통보 (근로기준법 제26조, 제27조)

근로기준법 제26조는 고용주의 해고 통지 의무에 대해 규정하고 있으며, M&A 과정에서 근로관계가 변동될 경우 근로자에게 이를 미리 서면으로 통보해야 한다. 예를 들어, 인수기업이 인력 조정을 하거나 근로 조건을 변경하려 할 때는 근로자에게 최소 30일 전 서면으로 해고 또는 변경 사항을 통보해야 한다.

근로기준법 제26조: 사용자는 근로자를 해고하려면 30일 전에 예고하여야 하며, 이를 위반할 경우 30일분 이상의 통상임금을 지급하여야 한다.

근로기준법 제27조: 사용자는 해고사유와 해고시기를 서면으로 통지하지 아니하면 해고의 효력이 없다.

따라서, M&A 과정에서 근로조건이나 고용상 변화가 발생할 경우, 근로자에게 서면으로 명확하게 통지해야 하며, 이를 준수하지 않을 경우 해고는 무효로 처리될 수 있다.

4. 근로조건의 변경 제한 (근로기준법 제94조)

M&A로 인해 근로조건이 불리하게 변경될 수 있는 상황에서 근로기준법은 근로조건을 보호하는 규정을 두고 있다. 근로기준법 제94조는 근로자의 동의 없이 근로조건을 불리하게 변경할 수 없도록 규정하고 있다.

5. 근로조건 불리한 변경 금지 (근로기준법 제94조)

M&A 후 새로운 경영진이 근로조건(임금, 근무 시간, 복리후생 등)을 불리하게 변경하려면 근로자의 동의를 얻어야 한다. 일방적으로 근로조건을 악화시키는 것은 허용되지 않으며, 이를 위반할 경우 해당 변경은 효력이 없다.

근로기준법 제94조 제1항: 취업규칙을 변경할 때 근로자에게 불이익하게 변경하려면 근로자의 과반수로 조직된 노동조합 또는 근로자의 과반수 동의를 받아야 한다.

예를 들어, M&A 후 임금이 삭감되거나 복리후생이 축소될 경우, 근로자의 동의를 받지 않으면 변경이 무효화될 수 있다.

6. 소수 근로자의 근로조건 보호 (근로기준법 제97조)

M&A 과정에서 근로자 중 일부가 고용 승계를 원치 않는 경우나, 합병

후 기업이 근로조건을 변경할 때 일부 소수 근로자의 권리가 침해될 수 있다. 이와 관련해 근로기준법 제97조는 소수 근로자의 권리 보호를 규정하고 있다.

근로기준법 제97조: 취업규칙에서 정한 기준에 미달하는 근로조건을 정한 근로계약은 그 부분에 관하여는 무효로 한다. 이 경우 무효로 된 부분은 취업규칙에 정한 기준에 따른다.

즉, 근로자가 M&A 이후 새로운 근로조건에 불만이 있거나 계약을 종료하기로 결정한 경우, 기업은 해당 근로자의 정당한 임금과 퇴직금을 지급할 의무가 있다.

M&A 과정에서 근로관계 승계는 근로자의 고용 안정성을 보장하고, 근로조건을 보호하기 위한 중요한 법적 문제다. 근로기준법은 근로관계의 자동 승계, 근로조건 불리한 변경 제한, 해고 제한 등 여러 조항을 통해 근로자 보호를 규정하고 있다. 따라서 M&A를 진행하는 기업은 근로기준법을 철저히 준수하고, 근로자들에게 고용 승계 과정에서 발생할 수 있는 변화에 대해 명확하게 통지하고, 동의를 구해야 한다.

참고

M&A 과정에서 고려해야
할 세무 이슈 총정리

M&A를 진행할 때 고려해야 할 주요 세무 사항은 시가, 법인세, 양도소득세, 증권거래세, 과점주주 취득세, 취득세, 부가가치세, 부당행위계산부인, 증여의제 등 여러 항목이 있다. 각 세무 항목은 거래 구조, 자산 유형, 당사자 간의 관계 등에 따라 과세 여부와 세율이 달라지므로, M&A 과정에서 반드시 면밀히 검토해야 한다.

시가는 세법에서 거래의 과세 표준을 결정하는 데 중요한 역할을 한다. 시가는 자산의 공정한 시장 가치를 의미하며, 특히 특수 관계인 간의 거래에서 시가보다 현저히 낮거나 높은 가격으로 거래가 이루어질 경우 세무 당국은 이를 시가로 재조정할 수 있다. 이는 법인세법 제52조(부당행위계산의 부인) 및 상속세 및 증여세법 제60조(평가의 원칙)에서 규정하고 있다. 시가를 기준으로 과세 표준을 산정하여 공정한 과세가 이루어지도록 하는 것이다.

법인세는 M&A에서 중요한 세목 중 하나이다. 특히 합병으로 인해 발생하는 자산 양도차익에 대해 법인세가 부과되며, 법인세법 제16조는 합병으로 인한 자산 양도차익이 익금에 포함된다는 내용을 명시하고 있다. 다만, 법인세법 제44조의3에서는 적격합병의 요건을 충족할 경우, 합병차익에 대한 과세를 이연할 수 있도록 하고 있어 적격합병 여부가 세무전략에서 중요하다.

양도소득세는 주식을 양도하는 개인에게 부과되는 세금이다. 소득세법 제94조는 양도소득의 범위를 규정하고 있으며, 주식을 양도할 때 발생하는 소득에 대해 양도소득세가 부과된다. 양도소득세는 주식 양도가액에서 취득가액과 양도비용을 차감한 금액을 기준으로 계산되며, 이는 소득세법 제97조에 명시되어 있다.

증권거래세는 M&A 과정에서 주식을 양도할 때 발생하는 세금이다. 증권거래세법 제1조는 주식 양도 시 증권거래세를 부과하도록 규정하고 있으며, 세율은 거래 유형에 따라 달라진다.

과점주주 취득세는 M&A로 인해 특정 주주가 과점주주가 되는 경우 발생할 수 있는 세금이다. 지방세법 제7조에 따르면, 과점주주가 된 자는 그 법인이 소유한 부동산 등에 대해 자신의 지분비율만큼 취득세를 납부해야 한다. 과점주주는 발행주식 총수의 50%를 초과하여 소유한 주주를 의미하며, 지방세법 제7조에서 정의하고 있다.

취득세는 M&A에서 자산이나 부동산을 취득할 때 부과된다. 지방세법 제7조 및 제10조는 취득세의 납세 의무와 과세 표준을 규정하고 있으며, 자산의 취득 시점에서 그 가액을 기준으로 취득세가 산정된다.

부가가치세는 영업 양수도나 자산 거래 시 과세 여부가 중요한 고려사항이다. 일반적으로 사업의 포괄적 양도는 부가가치세 과세 대상이 아니며, 부가가치세법 시행령 제23조에 따라 사업의 계속성을 인정받을 경우 부가가치세가 부과되지 않는다.

부당행위계산 부인은 특수관계인 간의 거래에서 세무상 부당행위로 인정될 경우 세무 당국이 이를 부인하고 과세 표준을 조정할 수 있는 제도이다. 법인세법 제52조와 소득세법 제41조는 부당행위계산의 부인에 대해 규정하고 있으며, 특수관계인과의 거래에서 시가와 다른 조건으로 거래를 했을 때 이를 부당행위로 보고 조정할 수 있다.

마지막으로, 증여의제는 특수관계인 간의 자산 양도 시 시가보다 현저히 낮거나 높은 가격으로 거래할 경우 그 차액이 증여로 간주되어 증여세가 부과될 수 있다는 규정이다. 상속세 및 증여세법 제35조는 부당한 저가 또는 고가 양도의 경우 그 차액을 증여로 보아 증여세를 과세하도록 하고 있다.

M&A 과정에서 이러한 세무 이슈들은 매우 중요하며, 각 세법의 규정을 준수하지 않으면 예상치 못한 세금 부담이 발생할 수 있다. 이를 방지하기 위해서는 세무 전문가의 조언을 통해 정확한 세무 계획을 수립하는 것이 필수적이다.

M & A 와
투자유치 전문가를 위한
M & A 사용설명서

PART 06.

가업승계를 위한 M&A 딜소싱 활용 가이드

01
가업승계형 M&A

　가업승계를 위한 M&A 니즈는 가업을 자녀나 후계자에게 물려주는 과정에서 인수합병(M&A)을 활용하려는 경영 전략이다. 많은 중소기업과 중견기업에서 가업승계는 중요한 이슈로 떠오르고 있으며, 이 과정에서 M&A는 중요한 도구로 활용된다. 가업승계를 위한 M&A의 주요 니즈는 경영권 안정성 확보, 자산 이전 및 구조조정, 세금 부담 완화, 후계자 양성 및 경쟁력 강화 등의 여러 측면에서 나타난다. 이를 구체적으로 설명하면 다음과 같다.

01. 경영 안정성 확보

　가업승계의 가장 중요한 니즈는 경영권의 안정적인 이전이다. 가족 내에서 경영권을 승계하는 과정에서 종종 경영 능력이 부족한 후계자에게 경영권을 넘겨주거나, 회사 내부 또는 외부의 이해관계자와의 갈등이 발생할 수 있다. M&A는 이러한 문제를 해결할 수 있는 수단이 될 수 있다.

전략적 매수자와의 합병: 가업승계자가 경영에 필요한 경험이나 역량이 부족할 경우, 전략적 투자자나 외부 경영진과의 M&A를 통해 경영권을 분산하거나, 전문 경영인과의 협력 체제를 구축할 수 있다. 이로 인해 경영 안정성을 높이고 가업승계의 리스크를 줄일 수 있다.

동업자 승계 전략: 가업승계자가 단독으로 경영을 이어받는 것이 부담스러운 경우, 동업자나 기존의 경영진에게 일부 지분을 매각하는 M&A 전략을 활용할 수 있다. 이를 통해 승계자의 부담을 줄이면서 경영권을 안정적으로 유지할 수 있다.

02. 자산 이전 및 구조조정

M&A는 가업승계를 준비하면서 효율적인 자산 이전과 구조조정을 할 수 있는 도구로 활용될 수 있다. 특히 기업이 자산을 분리하거나 비핵심 사업을 매각하는 등의 구조조정을 통해 승계 과정에서의 복잡한 자산 구성을 정리할 수 있다.

영업양수도: 기업의 핵심 사업부만을 승계자에게 남기고, 비핵심 사업부나 자산을 외부로 매각하는 영업양수도를 통해 자산을 재정비할 수 있다. 이렇게 하면 승계자는 회사의 주요 사업에만 집중할 수 있게 된다.

자산 매각을 통한 자금 확보: 가업승계 시 필요한 자금 확보를 위해 일부 자산이나 비핵심 사업부를 M&A를 통해 매각하여 현금을 확보할 수 있다. 이를 통해 가업승계 자금을 마련하고, 재정적 부담을 줄일 수 있다.

03. 세금 부담 완화

가업승계에서 가장 큰 장애물 중 하나는 상속세와 증여세로 인한 세금 부담이다. M&A는 이러한 세금 부담을 효율적으로 관리하고 완화하는 전략으로 활용될 수 있다.

상속세 부담 완화: 상속세법에 따르면 가업승계 시 상속세가 매우 높은 비율

로 부과될 수 있다. 그러나 일정한 조건을 충족하는 경우에는 가업승계 시 가업상속공제를 받을 수 있다. M&A를 활용해 가업을 승계하면서, 상속세 부담을 줄이기 위한 구조를 마련할 수 있다. 예를 들어, 자산을 분리하거나 지분을 조정하는 방식으로 세금을 효율적으로 관리할 수 있다.

증여세 부담 관리: 승계자가 가업을 물려받기 위해 지분을 증여받는 경우, 증여세가 큰 부담이 될 수 있다. M&A를 통해 회사의 자산 가치를 재구성하거나 일부 지분을 외부 투자자에게 매각함으로써 증여세 부담을 줄일 수 있다.

04. 후계자 양성 및 경영권 안정성

가업승계 과정에서 가장 중요한 문제 중 하나는 후계자의 경영 능력이다. M&A는 경영권을 바로 승계하는 대신, 후계자가 경영을 경험하고 학습할 시간을 제공하는 전략적 도구로 활용될 수 있다.

단계적 승계: M&A를 통해 경영권을 점진적으로 승계자에게 넘기는 방식이 가능하다. 승계자가 점차적으로 지분을 매입하거나, 외부 파트너와 협력하여 경영에 참여하면서 경험을 쌓는 방식으로 경영권을 승계하는 모델이 있다.

전문 경영인과의 협력: 후계자가 승계 준비 기간 동안 경영 경험이 부족할 경우, 외부의 전문 경영인을 초빙해 일정 기간 동안 공동 경영을 하도록 M&A를 통해 협력 구조를 마련할 수 있다. 이 과정에서 승계자는 전문 경영인으로부터 경영을 배울 수 있다.

05. 경쟁력 강화 및 사업 확장

가업승계를 준비하는 과정에서 사업 확장과 경쟁력 강화를 목표로 M&A를 활용할 수 있다. 이는 후계자가 물려받을 기업이 더 경쟁력 있는 상태로 경영권을 넘겨받게 되는 데 도움이 된다.

수평적 M&A: 같은 업종의 경쟁 기업을 인수함으로써 시장 점유율을 높이고 규모의 경제를 실현할 수 있다. 이를 통해 승계 후 사업의 경쟁력을 강화하고, 시장에서의 입지를 더욱 확고히 다질 수 있다.

수직적 M&A: 공급망 상의 기업을 인수하여 원가 절감과 효율성을 높이는 전략을 사용할 수 있다. 이를 통해 승계자는 안정적인 원자재 공급과 비용 절감을 기반으로 안정적인 경영을 할 수 있다.

06. 가업의 지속 가능성 확보

M&A는 가업의 지속 가능성을 확보하는 데에도 중요한 역할을 할 수 있다. 사업 환경이 급변하고 글로벌화되는 상황에서 승계자는 M&A를 통해 기업의 생존력을 강화할 수 있다.

해외 진출 및 글로벌 M&A라는 측면에서는, 승계자가 가업을 물려받은 후에도 글로벌 시장에서의 경쟁력을 유지하거나 확대하기 위해 M&A를 통해 해외 시장에 진출할 수 있다. 이는 승계자가 더 넓은 시장에서 성공적으로 경영을 이어갈 수 있도록 돕는다.

기술기업의 인수라는 측면에서, 변화하는 산업 환경에서 가업의 생존력을 높이기 위해, 혁신적인 기술을 보유한 기업을 인수하는 방식으로 M&A를 활용할 수 있다. 이는 승계자가 물려받은 기업이 기술적 우위를 갖추고 미래 성장 가능성을 확보하게 한다.

가업승계를 위한 M&A 니즈는 경영권의 안정적인 이전, 자산 구조조정, 세금 부담 완화, 후계자 양성, 경쟁력 강화, 가업의 지속 가능성 등 다양한 측면에서 발생한다. M&A를 통해 승계 과정에서의 리스크를 최소화하고, 기업의 경쟁력을 높이며, 세무 문제를 효율적으로 관리함으로써 가업승계의 성공 가능성을 높일 수 있다. 이 과정에서 세무 및 법률 전문가와의 협력을 통해 세밀한 전략을 수립하는 것이 필수적이다.

02
가업승계에 M&A를 활용한 성공사례

가업승계를 위해 M&A를 활용한 성공 사례는 전 세계적으로 다양한 기업에서 찾아볼 수 있으며, 특히 한국을 포함한 아시아 지역에서 가족 경영을 이어가는 중소기업과 중견기업들에서 M&A는 승계 전략으로 매우 중요한 역할을 하고 있다. 이러한 성공 사례들은 M&A를 통해 승계 과정에서의 리스크를 줄이고, 세금 부담을 완화하며, 경영권을 안정적으로 이전하는 동시에 기업의 경쟁력을 강화한 사례들이다. 구체적으로 몇 가지 성공 사례를 설명하겠다.

특히 국내의 경우, 최대주주가 보유한 주식을 상속받을 때 할증하여 상속세를 부과하는 최대주주 할증평가 규정을 두고 있다. 이에 따라 국내의 주요 대기업들은 가업승계를 위하여 지주회사 제도와 M&A를 활용한 지배구조개편 절차를 통하여 승계절차를 진행하곤 한다. 구체적으로 몇 가지 유형과 사례를 소개하겠다.

01. 삼양그룹: 전략적 M&A를 통한 가업승계 성공

삼양그룹은 한국의 대표적인 가족 기업 중 하나로, 가업승계를 위해 전략적 M&A를 적극 활용한 성공적인 사례로 꼽힌다. 삼양그룹은 승계 과정에서 M&A를 통해 기업의 핵심 사업을 강화하고, 새로운 성장 동력을 확보함으로써 승계자의 경영 기반을 공고히 했다.

- **배경:** 삼양그룹은 식품, 화학, 의약품 등 여러 산업에 걸쳐 사업을 운영해 왔으며, 3세 경영 승계 과정에서 지속적인 성장을 위해 새로운 성장 동력이 필요했다. 이를 위해 삼양그룹은 기존 사업과 시너지를 낼 수 있는 기업들을 대상으로 M&A를 진행했다.
- **M&A 전략:** 삼양그룹은 2015년 삼양바이오팜을 인수하면서 바이오 의약품 사업을 강화했다. 이 인수는 그룹의 기존 화학 및 의약품 사업과 시너지를 낼 수 있는 전략적 선택이었다. 이후 그룹은 식품 및 화학 부문에서도 여러 건의 M&A를 통해 경쟁력을 강화했다.
- **성공 요인:** 삼양그룹은 M&A를 통해 신사업을 확보하는 동시에 기존 사업 부문을 강화하는 데 성공했다. 이를 통해 승계자는 더 안정적인 경영 기반을 물려받았으며, 그룹의 장기적인 성장 가능성도 높아졌다. 또한, 삼양그룹은 승계 과정에서 후계자의 경영 능력을 높이기 위해 전문 경영인과의 협력을 강화하여 성공적인 가업승계를 완성했다.

02. 효성그룹: 두 차례의 인적분할을 통한 계열 분리

효성그룹은 가업승계를 위해 M&A를 적극 활용하여 경영권 분할과 사업 확장을 성공적으로 이룬 사례이다. 특히 형제들 간의 경영권 분할이 원만하게 이루어지도록 M&A가 중요한 역할을 했다.

- **배경:** 효성그룹은 2세 경영에서 3세 경영으로의 승계가 필요한 상황에서 형제들 간의 경영권 분할이 필요한 시점이었다. 사업 부문별로 경영을 나누어 독립적으로 운영하는 것이 승계 과정에서의 주요 이슈였기 때문에, 각 형제

가 독립적으로 사업을 운영할 수 있도록 M&A가 중요한 역할을 했다.

- **M&A 전략:** 효성그룹은 2018년 주식회사 효성을 인적분할 한 후 기존 오너들이 보유하게 된 분할신설회사의 보유지분을 존속회사에 현물출자하는 방법으로 지주회사를 설립하고, 그 지주회사에 대한 지배력을 높였다. 이후 형제들이 하나의 지주회사 휘하에 있는 계열회사를 각자 경영하는 각자경영 구도를 채택한 뒤, 최근 지주회사를 인적분할하는 방식으로 완전한 계열분리를 도모하고 있다.
- **성공 요인:** 효성그룹은 각 승계자들이 자신이 맡은 사업 부문에서 경영 능력을 발휘할 수 있도록 독립적인 경영권을 부여하는 한편, M&A를 통해 각 사업 부문의 성장을 지원했다. 이로 인해 형제들 간의 경영권 분쟁을 최소화하고, 그룹 전체의 사업 성장을 유지할 수 있었다.

03. 신세계그룹: 인적분할을 통한 계열분리와 주식교환을 통한 지분정리

신세계그룹은 이마트와 신세계를 인적분할하여 승계자들에게 계열분리한 뒤, 각자가 보유하는 두 분할회사에 대한 지분을 교환하고, 선대 회장의 지분을 증여하는 방식을 활용하여 가업승계를 이루었다.

- **배경:** 신세계그룹은 2세에서 3세로의 승계 과정에서 주요 사업부인 이마트와 백화점을 분리하여 독립적인 경영 체제를 구축했다. 이를 통해 각각의 사업 부문이 개별적으로 성장할 수 있는 기회를 마련하고, 승계자의 경영 기반을 강화하기 위한 전략으로 M&A가 적극 활용되었다.
- **M&A 전략:** 신세계그룹은 특히 유통업에서의 경쟁력 강화를 위해 다수의 M&A를 진행했다. 스타벅스 코리아의 지분 인수, 이마트24 인수를 통한 편의점 사업 확장, 센트럴시티 인수를 통한 백화점 및 호텔 사업 확장이 그 대표적인 사례이다. 이러한 M&A는 그룹의 기존 유통 네트워크와 시너지를 창출하며, 승계자가 더 탄탄한 경영 기반을 이어받을 수 있도록 했다.

- **성공 요인:** 신세계그룹은 M&A를 통해 유통업계의 변화하는 트렌드에 대응하고, 그룹의 경쟁력을 크게 강화할 수 있었다. 승계자는 그룹의 핵심 사업을 물려받기 전에 M&A를 통해 안정적인 경영 체제를 구축할 수 있었으며, 이를 바탕으로 전술한 바와 같이 인적분할을 통한 계열분리와 주식 교환을 통하여 성공적으로 가업 승계를 이루어냈다.

04. CJ그룹: M&A를 통한 글로벌 확장 및 사업 포트폴리오 강화

CJ그룹은 승계 과정에서 글로벌 시장 진출과 신성장 동력 확보를 위해 M&A를 적극 활용한 사례이다. 특히 CJ그룹은 영화, 미디어, 물류 등 다양한 산업 분야에서 글로벌 M&A를 통해 사업을 확장하며 승계를 성공적으로 완수했다.

- CJ그룹은 기존 식품과 물류 사업에서 미디어와 엔터테인먼트 산업으로 영역을 확장하며 글로벌 시장에서의 경쟁력을 확보하고자 했다. 특히 2세에서 3세로의 승계 과정에서 M&A를 통해 그룹의 글로벌화를 더욱 가속화했다.
- **M&A 전략:** CJ그룹은 글로벌 시장에서 다양한 M&A를 통해 사업 포트폴리오를 강화했다. 특히 드림웍스의 지분 인수를 통해 애니메이션 사업에 진출하였고, CJ대한통운을 중심으로 글로벌 물류 사업을 확대하는 전략을 취했다. 또한, CJ ENM을 통해 콘텐츠와 미디어 분야에서 대형 M&A를 진행하여 글로벌 미디어 기업으로의 도약을 이루었다.
- **성공 요인:** CJ그룹은 승계 과정에서 M&A를 통해 새로운 성장 동력을 확보하고, 글로벌 시장에서의 입지를 넓혔다. 이러한 M&A 전략은 그룹의 장기적 성장을 뒷받침하였고, 승계자는 글로벌 시장에서 확장된 사업을 성공적으로 물려받을 수 있었다.

05. LG그룹: 사업부문 분할과 M&A를 통한 독립 경영

LG그룹은 가업승계와 동시에 형제 간 경영권 분리를 M&A와 기업 분할을 통해 성공적으로 달성한 사례이다. 특히 경영권 분할을 통한 각자의 독립적 경영을 M&A를 통해 지원했다.

- **배경:** LG그룹은 형제들 간 경영권을 분리하면서 그룹 내 주요 사업부문을 독립적인 회사로 분리하고, 각 회사가 M&A를 통해 개별적으로 성장할 수 있도록 했다. 이를 통해 형제들 간의 갈등을 최소화하고, 각 사업부가 독립적으로 경쟁력을 키울 수 있는 환경을 조성했다.

- **M&A 전략:** LG화학, LG전자, LG디스플레이 등의 핵심 사업부를 중심으로 M&A가 진행되었으며, 특히 LG화학은 배터리 사업에서 전략적 M&A를 통해 시장에서의 입지를 강화했다. LG그룹은 독립된 경영 체제 내에서 각 회사가 새로운 성장 동력을 확보할 수 있도록 M&A를 통해 지원했다.

- **성공 요인:** LG그룹은 경영권 분할 후 각 사업부가 개별적으로 경쟁력을 강화할 수 있도록 M&A를 통해 지원했으며, 이로 인해 각 회사는 독립적인 경영 하에서 성공적으로 성장할 수 있었다.

가업승계를 위해 M&A를 활용한 성공 사례들은 경영권 안정, 사업 확장, 세금 부담 완화, 경쟁력 강화 등의 목표를 효과적으로 달성한 기업들에서 찾을 수 있다. 삼양그룹, 효성그룹, 신세계그룹, CJ그룹, LG그룹 등은 M&A를 통해 승계 과정을 원활하게 관리하고, 승계자의 경영 기반을 강화하는 데 성공했다.

03

가업승계형 M&A의 해외사례들

가업승계를 위해 M&A를 활용한 해외 성공 사례들은 다양한 방식으로 기업이 경영권을 다음 세대로 성공적으로 이전하면서도 사업 확장과 경쟁력 강화를 이루어낸 사례들이다. 이러한 기업들은 M&A를 통해 단순히 기업의 지분을 승계하는 것을 넘어서, 승계자의 경영 기반을 강화하고, 글로벌 시장에서의 입지를 넓히는 데 주력했다. 특히 유럽, 미국, 일본 등의 오래된 가족 경영 기업들이 M&A를 통해 기업의 지속 가능성을 유지하며 성공적인 세대교체를 이뤘다. 몇 가지 구체적인 사례를 통해 이를 자세히 설명하면 다음과 같다.

01. 로레알(L'Oréal) : 가족 경영과 전략적 M&A의 조화

프랑스의 세계적인 화장품 기업 로레알은 가업승계와 함께 M&A를 통해 글로벌 시장에서 입지를 넓힌 대표적인 사례이다. 로레알은 창업주 외젠 슈엘러가 설립한 이후, 그의 딸 릴리안 베탕쿠르가 경영권을 승계받았다. 가업승계를 통해 가족 경영의 전통을 이어가는 한편, M&A를 통해 글로벌 확장 전략을 성공적으로 수행했다.

- **M&A를 통한 글로벌 확장:** 릴리안 베탕쿠르가 경영권을 이어받은 이후, 로레알은 글로벌 시장에서 성장하기 위해 여러 화장품 및 뷰티 브랜드를 인수했다. 1996년에는 미국의 화장품 브랜드 메이블린을 인수하며 북미 시장에서의 입지를 강화했고, 2006년에는 친환경 브랜드 바디샵을 인수해 자연주의 화장품 수요에 대응했다. 이러한 인수는 로레알의 브랜드 포트폴리오를 다양화하고, 글로벌 시장에서의 경쟁력을 한층 높이는 데 기여했다.
- **성공 요인:** 로레알의 성공적인 가업승계는 M&A 전략과 가족 경영이 조화를 이룬 대표적인 사례다. 승계 과정에서 로레알은 기존 경영 방식을 유지하면서도, M&A를 통해 시장의 변화를 적극적으로 대응했고, 그 결과 승계자는 글로벌 경쟁력을 갖춘 기업을 물려받게 되었다.

02. 피아트(FIAT): 합병을 통한 글로벌 자동차 기업으로의 도약

이탈리아의 자동차 제조업체 피아트는 가업승계를 위한 M&A 활용의 성공 사례로, 창업주 아넬리 가문이 경영권을 이어받는 과정에서 글로벌 경쟁력을 강화하기 위해 M&A를 적극적으로 활용했다. 특히 피아트는 경영권 승계와 함께 글로벌 자동차 시장에서의 입지를 강화하기 위해 미국의 자동차 제조업체 크라이슬러와의 합병을 성공적으로 이끌었다.

- **M&A와 합병 전략**: 2014년 피아트는 미국의 크라이슬러를 인수한 후 합병하여 피아트 크라이슬러 자동차(FCA)를 설립했다. 이 합병을 통해 피아트는 북미 시장에서의 입지를 강화하고, 글로벌 시장에서의 경쟁력을 크게 향상시켰다. 피아트는 크라이슬러의 기술과 브랜드 가치를 활용해 더 많은 소비자층을 확보했으며, 양사의 합병으로 비용 절감과 생산 효율성을 극대화했다.
- **성공 요인:** 피아트는 가업승계와 동시에 M&A를 통해 기업의 글로벌화와

경영권 승계를 원활하게 이루었다. 아넬리 가문은 승계 이후에도 기업을 유지할 수 있었고, 글로벌 자동차 시장에서 성공적인 도약을 이루며 승계 과정에서의 불확실성을 최소화했다. 이로 인해 가업을 성공적으로 이어받은 승계자는 더 확장된 글로벌 기업을 물려받게 되었다.

03. PVH(Phillips-Van Heusen): 패션 브랜드의 글로벌 확장을 위한 M&A

미국의 대표적인 패션 의류 기업 PVH는 가업승계와 함께 M&A를 통해 글로벌 패션 시장에서의 입지를 넓힌 사례이다. PVH는 가업승계 과정에서 단순히 가족 경영을 유지하는 데 그치지 않고, 인수합병을 통해 패션 브랜드를 확장하고 포트폴리오를 다변화하며 지속적인 성장을 이루었다.

- **캘빈 클라인과 톰 힐피거 인수:** PVH는 2003년 캘빈 클라인을 4억 달러에 인수하였고, 2010년에는 톰 힐피거를 30억 달러에 인수하면서 패션 시장에서의 경쟁력을 한층 강화했다. 이러한 인수는 PVH가 기존의 캐주얼 의류에서 고급 브랜드로 확장할 수 있는 기회를 제공했으며, 글로벌 패션 시장에서 더 많은 소비자를 확보하는 데 기여했다.
- **성공 요인:** PVH는 가업승계를 위해 외부 자본이나 외부 경영진에 의존하지 않고, M&A를 통해 패션 산업에서 더 큰 경쟁력을 확보하는 전략을 택했다. 이를 통해 승계자는 더욱 강력한 브랜드 포트폴리오와 글로벌 시장에서의 탄탄한 입지를 물려받았으며, 이는 기업의 장기적인 성공을 보장하는 중요한 기반이 되었다.

04. 소니(SONY): 엔터테인먼트 산업으로의 확장을 위한 M&A

일본의 소니는 가업승계와 함께 엔터테인먼트 산업으로 사업 영역을 확장하기 위해 M&A를 적극적으로 활용한 사례이다. 소니는 창업주 모리타 아키오가 설립한 이후, 그의 후계자인 모리타 카즈오가 가업을 이어받았으며, M&A를 통해 전자기기 제조업에서 엔터테인먼트와 미디어 시장으로의 확장을 성공적으로 이루었다.

- **콜럼비아 픽처스 인수:** 소니는 1989년 헐리우드 영화사인 콜럼비아 픽처스를 인수하며 영화 산업에 본격적으로 진출했다. 이 인수는 소니가 엔터테인먼트와 미디어 분야에서 글로벌 경쟁력을 강화할 수 있는 중요한 발판이 되었다. 이후 소니는 소니 뮤직과 소니 픽처스를 통해 음반 및 영화 산업에서도 큰 성공을 거두며 전자기기 제조업을 넘어 엔터테인먼트 분야에서의 입지를 확립했다.
- **성공 요인:** 소니는 가업승계 과정에서 전통적인 제조업에 머무르지 않고, M&A를 통해 새로운 성장 동력을 확보했다. 이를 통해 승계자는 엔터테인먼트와 미디어 시장에서도 확고한 입지를 구축한 기업을 물려받았고, 소니는 다양한 산업에서의 성공을 바탕으로 지속적인 성장을 이어갔다.

05. 이케아(IKEA): 지배구조 개편을 통한 경영권 승계

스웨덴의 글로벌 가구업체 이케아는 M&A 대신 지배구조 개편을 통해 경영권 승계를 성공적으로 이룬 사례이다. 이케아는 창업주 잉바르 캄프라드가 설립한 이후, 그의 자녀들에게 경영권을 승계하면서 복잡한 지배구조 개편을 통해 경영 안정성을 확보하고, 승계 과정에서 발생할 수 있는 리스크를 줄였다.

- **지배구조 개편 전략:** 잉바르 캄프라드는 자녀들이 가업을 승계할 때 세금 문제나 법적 리스크를 최소화하기 위해 이케아 그룹과 자산 관리를 담당하는 인터 이케아로 지배구조를 분리했다. 이를 통해 가족이 기업의 경영권을 유지하면서도 법적, 재정적 리스크를 관리할 수 있도록 했다. 또한, 경

영에서의 독립성을 유지하면서도 안정적인 재정 기반을 마련했다.

- 성공 요인: 이케아는 M&A 대신 지배구조 개편을 통해 가업승계의 리스크를 줄이고, 자녀들이 경영을 원활하게 이어받을 수 있는 환경을 조성했다. 이는 이케아가 글로벌 가구 산업에서 지속적으로 성장할 수 있는 기반을 제공했으며, 가족 경영의 안정성을 보장하는 데 기여했다.

해외에서 가업승계를 위해 M&A를 활용한 성공 사례들은 경영권의 안정적인 이전과 함께 사업 확장, 경쟁력 강화, 글로벌 시장에서의 입지 확대를 목표로 하고 있다. 로레알, 피아트, PVH, 소니, 이케아 등 다양한 기업들은 가업승계 과정에서 M&A 또는 지배구조 개편을 통해 새로운 성장 기회를 마련하고, 승계자의 경영 기반을 강화했다. 이러한 사례들은 M&A가 단순히 경영권 승계를 위한 수단이 아니라, 기업의 장기적인 성장과 지속 가능성을 보장하는 중요한 전략적 도구임을 보여준다.

참고
가업승계시 영업양수도 방식과 실무상 고려사항들

가업승계를 위해 영업양수도 방식을 선택할 경우, 여러 가지 법적, 세무적, 경영상의 사항을 고려해야 한다. 영업양수도는 기업의 전체 자산이나 특정 사업부를 타 법인이나 개인에게 양도하는 방식으로, 주로 비핵심 자산을 정리하거나 핵심 사업부만을 승계하기 위해 사용된다. 이는 승계자가 핵심 사업에 집중할 수 있는 구조를 만들고, 승계 과정에서 발생할 수 있는 리스크를 줄이는 데 도움을 준다. 하지만 이러한 과정을 성공적으로 완료하기 위해서는 각종 법적 요건과 세무적 고려사항을 철저히 검토해야 하며, 경영적 판단을 신중하게 내려야 한다. 구체적으로, 영업양수도 방식에서 고려해야 할 주요 사항들을 설명하면 다음과 같다.

1. 영업양수도의 정의와 범위 설정

영업양수도는 기업의 자산, 부채, 계약, 고객 등 영업 활동과 관련된 일체를 타인에게 양도하는 것을 의미한다. 이는 주식 매매와 달리, 법인이 아닌 영업 자체가 양도되며, 법인은 그대로 남아있게 된다. 따라서 영업양수도 계약에서는 양도 대상이 되는 자산과 부채의 범위를 명확히 설정하는 것이 중요하다. 양도되는 자산은 부동산, 설비, 재고, 계약 등 사업 운영에 필요한 물적 자산뿐만 아니라 영업권(Goodwill)과 같은 무형 자산도 포함된다.

양도 범위가 명확하지 않을 경우 법적 분쟁이 발생할 수 있으므로, 양수도 계약서에 구체적으로 자산의 종류, 가액, 부채의 상태를 명시해야 한다. 양도되는 부채가 있을 경우, 매수자는 이를 인수할 책임을 지게 되므로 부채의 종류와 규모를 철저히 검토해야 한다. 반대로, 특정 자산이나 부채를 양도 대상에서 제외하는 경우에도 이를 명확히 계약서에 기재해야 한다.

2. 법적 고려사항

① 영업양수도 계약의 법적 효력

영업양수도 계약은 법적 효력을 가지는 계약이므로, 계약서 작성 시 세부 조건을 명확히 규정해야 한다. 계약서에는 양도 자산의 범위, 양수 금액, 지급 방식, 양수 시점, 인수인의 책임 범위, 거래 종결 조건 등이 포함되어야 한다. 또한, 계약 이행 과정에서 발생할 수 있는 잠재적 분쟁을 예방하기 위해 분쟁 해결 절차와 위약금 조건 등을 미리 실징해 두는 것이 중요하다.

② 근로관계 승계

앞서 살펴본 바와 같이, 양도인과 대상사업부문 소속 근로자들과 사이의 근로관계는 양도인과 양수인 사이의 명시적인 합의가 없더라도 양수인에게 포괄적으로 승계되며, 양도인의 단체협약 및 취업규칙 등 근로조건에 관한 사항도 양수인에게 승계되는 것이 원칙이나, 이전대상 근로자는 반대의 의사를 표시함으로써 양수인에게 승계되는 대신 양도인에 잔류하거나 양도인과 양수인 모두에서 퇴직할 수도 있다는 대법원의 입장을 고려하여, 실무상으로는 영업양도시 이전대상 사업부문 소속 근로자들에게 각 개별적으로 고용승계에 대한 동의서를 징구하는 방식으로 근로관계 승계를 처리한다.

한편, 영업양수도 시 근로자와의 고용 관계는 기존 조건 그대로 유지되며, 근로자는 새로운 고용주와 계속해서 근로관계를 유지하게 된다. 이에 따라 매수자는 기존 근로자들의 고용 상태를 유지하고, 근로조건을 함부로 변경할 수 없다. 다만, 경영상 필요에 따라 근로조건을 변경할 경우, 근로자의 동의가 필수적이다.

또한, 양도 과정에서 근로자들이 고용 승계를 거부하는 경우나, 기존 근로자들과 협의가 이루어지지 않을 경우 법적 분쟁으로 이어질 수 있으므로, 이를 미리 대비해야 한다. 매수자는 근로자들에게 승계 과정에 대한 명확한 설명과 충분한 협의 시간을 제공함으로써 불필요한 갈등을 방지해야 한다.

③ 계약 및 권리의 이전

영업양수도는 합병이나 분할과 달리 포괄승계의 법리가 적용되지 않는바, 각 이전대상 자산과 이전대상 계약 별로 개별적인 이전 절차를 거쳐야 하는 것이 원칙이다. 따라서 기존에 체결중인 영업계약을 승계하고자 할 경우에는 사전에 계약상대방과 협의하여 동의를 얻는 것이 필요하다. 특히 일부 계약중에는 영업양수도시 계약상대방에게 해지권을 부여하거나, 계약이 자동으로 해지된다는 취지의 규정을 두는 경우가 있으므로 주의를 요한다.

또한, 영업권(고객과의 신뢰 관계를 기반으로 한 무형 자산)의 승계도 매우 중요하다. 영업권은 기업의 중요한 자산 중 하나로, 고객 관계와 브랜드 가치를 포함한다. 영업양수도 시 영업권의 가치에 대해 명확한 평가를 하고, 이를 계약에 반영해야 한다.

3. 세무적 고려사항

영업양수도 시 발생하는 세금은 승계 과정에서 중요한 고려사항이다. 양도자와 양수자 모두 세금 문제를 철저히 검토하여 불필요한 세금 부담을 줄일 수 있도록 대비해야 한다.

① 부가가치세

부가가치세법에 따르면, 영업의 전부 또는 중요한 일부를 포괄적으로 양도하는 경우, 부가가치세가 과세되지 않는다. 즉, 영업양수도가 단순한 자산의 매매가 아니라, 사업의 실질적인 양도에 해당하면 부가가치세를 부과하지 않는다. 그러나 일부 자산의 단순한 매각이나 비핵심 자산 매각의 경우, 부가가치세가 부과될 수 있으므로, 양도 대상 자산이 사업의 중요한 일부에 해당하는지 여부를 철저히 검토해야 한다.

② 양도소득세

영업양수도로 인해 발생한 양도차익에 대해서는 양도소득세가 부과된다. 양도자는 자산의 양도가액에서 취득가액과 필요경비를 차감한 금액에 대해 양도소득세를 납부해야 한다. 이는 주식 양도나 부동산 양도와 마찬가지로 세금 계산이 이루어진다. 특히, 자산의 시가 산정이 중요한데, 과세 당국이 인정하는 시가보다 지나치게 낮은 금액으로 거래할 경우 세무조사가 발생할 수 있으므로, 자산의 가치를 적정하게 평가해야 한다.

③ 법인세

영업양수도 과정에서 양도되는 자산으로 인한 양도차익은 법인세 과세 대상이 된다. 양도자는 영업양수도 계약을 통해 발생한 자산 양도차익을 법인세 신고 시 익금으로 산입해야 하며, 이로 인해 법인세가 부과된다. 양도자 입장에서는 이익이 크게 발생할 경우 법인세 부담이 커질 수 있으므로, 양수도 계약의 시점과 금액을 신중히 조정할 필요가 있다.

④ 취득세

매수자는 영업양수도를 통해 취득한 부동산, 차량 등의 자산에 대해 취득세를 납부해야 한다. 취득세는 자산의 취득가액을 기준으로 산정되며, 부동산과 같은 고가의 자산이 포함될 경우 상당한 세금 부담이 발생할 수 있다. 매수자는 자산의 취득가액을 정확히 평가하고, 취득세 납부 계획을 세워야 한다.

⑤ 세액 감면 및 공제 혜택

가업승계를 위한 영업양수도 시에는 세제 혜택을 받을 수 있는지 여부도 중요한 검토 사항이다. 가업승계 요건을 충족할 경우, 상속세 및 증여세법에 따른 가업상속공제 혜택을 받을 수 있다. 이 경우, 상속세나 증여세의 부담을 줄일 수 있으므로, 해당 혜택을 받을 수 있는지 미리 확인하고 요건을 충족하도록 영업양수도 계획을 세우는 것이 중요하다.

04. 경영상 고려사항

① 조직 재편 및 자산 정리

영업양수도는 조직 재편과 비핵심 자산 정리를 위한 중요한 도구로 활용될 수 있다. 가업승계 과정에서 비핵심 사업부나 자산을 정리하고, 승계자가 핵심 사업에 집중할 수 있도록 사업 구조를 조정할 수 있다. 영업양수도를 통해 불필요한 자산을 매각하고, 운영 효율성을 높일 수 있는 구조로 재편하는 것이 경영 전략상 중요하다.

② 고객 및 거래처 관계 유지

영업양수도 후 기존 고객과의 관계가 단절되지 않도록 하는 것이 매우 중요하다. 이는 영업권과 브랜드 이미지가 승계의 중요한 요소가 되기 때문이다. 따라서 매수자는 기존 고객과의 신뢰 관계를 유지하고, 거래처와의 계약 승계를 통해 안정적인 거래가 이어질 수 있도록 노력해야 한다. 특히, 고객 데이터나 고객 관리 체계가 포함된 경우, 매수자는 이를 효과적으로 인수하여 승계 후에도 고객 서비스의 일관성을 유지해야 한다.

가업승계를 위한 영업양수도 방식을 택할 때는 다양한 법적, 세무적, 경영상의 이슈들을 면밀히 검토해야 한다. 법적으로는 양도 계약서 작성 시 자산과 부채의 범위, 근로관계의 승계, 기존 계약의 승계 여부 등을 명확히 규정해야 하며, 세무적으로는 양도소득세, 법인세, 취득세 등의 세금 문제를 철저히 대비해야 한다. 또한, 경영상으로는 조직 재편과 경영 안정성 확보, 고객 및 거래처와의 신뢰 관계 유지가 중요하다. 이러한 사항들을 종합적으로 고려하여 계획적으로 영업양수도를 진행하면, 가업승계가 원활하게 이루어지고 승계 이후의 경영 리스크를 최소화할 수 있다.

참고

영업양수도 계약서에
들어가야 할 항목들

1. 당사자에 대한 정보

영업양수도 계약서의 첫 번째 항목에는 계약을 체결하는 양쪽 당사자의 정보를 명확히 기재해야 한다. 계약의 당사자가 누구인지 법적 책임을 명확히 하기 위해, 매도자와 매수자의 법적 명칭, 사업자등록번호, 주소, 대표자 이름, 연락처 등을 포함해야 한다. 당사자 정보는 계약서의 기본적인 요소로서, 계약의 법적 유효성을 담보하며, 차후 문제가 발생했을 때 누가 법적 책임을 지는지 확인할 수 있는 중요한 자료가 된다.

2. 영업양도 대상

영업양수도 계약서의 핵심 요소는 양도되는 영업의 범위를 구체적으로 명시하는 것이다. 여기에는 양도되는 자산과 부채가 포함되며, 구체적인 항목을 명시하는 것이 필수적이다. 예를 들어, 부동산, 기계 설비, 재고, 상표권, 영업권, 고객 데이터, 계약 등 영업에 필요한 자산을 정확히 명시해야 한다. 또한, 영업과 관련된 부채(대출, 미지급금 등)도 양도 대상에 포함될 수 있으므로, 이를 계약서에 명확하게 기재해야 한다. 자산과 부채의 구체적인 목록을 명시함으로써 거래 후 분쟁을 예방할 수 있다.

3. 양도 대가(인수 대금)

영업양수도 계약에서 인수 대금은 거래의 가장 중요한 부분 중 하나이다. 계약서에는 매수자가 매도자에게 지급해야 할 금액과 그 지불 시기, 지불 방법이 명확히 기재되어야 한다. 대금 지급 방식은 현금일 수도 있고, 주식이나 채권 등 다른 자산일 수도 있다. 지불 시기가 한 번에 이뤄질지, 또는 일정 기간에 걸쳐 나눠서 지불될지도 구체적으로 명시해야 한다. 또한, 자산별로 평가한 금액을 구분해 명시함으로써 인수 대금이 어떻게 산정되었는지 분명히 밝히는 것이 중요하다.

4. 자산의 평가 기준

양도되는 자산의 평가 기준은 계약서에 명확하게 규정되어야 한다. 자산 평가 기준은 객관적으로 산정된 시가, 장부가액, 감정평가 등의 방법으로 할 수 있다. 계약서에는 이러한 자산 평가 방법을 구체적으로 명시해, 추후 자산 평가로 인한 분쟁을 방지해야 한다. 특히, 자산의 상태나 품질에 따른 평가 차이가 발생할 경우, 그에 따른 보증이나 책임을 명시하여 자산의 가치를 보호할 수 있는 조항을 포함하는 것이 바람직하다.

5. 근로관계의 승계

전술한 바와 같이 영업양수도시 기존 근로자들로부터 고용관계 승계에 대한 동의서를 징구하여야 하며, 그에 따라 승계대상 임직원을 특정하여 계약서에 명확히 하는 것이 필요하다. 아울러 미지급 임금을 비롯하여 취업규칙, 단체협약, 기타 근로계약 또는 관련 법률에 따라 거래 종결시까지 지급하여야 하는 고용 관련 채무들의 이행 주체를 명확히 규정할 필요가 있고, 퇴직급여에 관한 사항을 양수인이 유효하게 이전할 수 있도록 필요한 사항을 규정하고 조치를 취할 필요가 있다.

6. 부채 승계와 책임 범위

영업양수도 계약에서 중요한 문제 중 하나는 부채 승계 여부와 책임 범위이다. 계약서에는 매수자가 양도된 영업과 관련된 부채를 승계할지, 아니면 매도자가 해당 부채를 청산할지에 대한 내용이 구체적으로 명시되어야 한다. 부채 승계는 거래 후 발생할 수 있는 재무적 리스크를 포함하기 때문에, 이를 사전에 명확히 하는 것이 매우 중요하다. 특히, 양수도 후 발견된 부채에 대한 책임이나 해결 방법을 미리 규정함으로써 분쟁을 방지할 수 있다.

7. 계약 이전 및 거래 관계 승계

영업양수도는 기존 거래처와 계약의 승계 문제를 동반한다. 따라서 계약서에는 매수자가 기존 거래 관계와 계약을 승계할 것인지, 그리고 해당 거래처의 동의를 어떻게 받을 것인지를 명확히 해야 한다. 만약 대상 사업부 매출의 상당 부분을 차지하는 주요 거래처가 계약 승계를 거부하거나 계약 해지권을 행사하는 경우에는 기존 가치평가의 전제사항에 심각한 변동이 발생하게 되는 것이므로, 사전에 주요 거래처로부터 계약 승계에 대한 동의를 얻을 것을 거래종결 전 선행조건이나 확약으로 규정하는 것이 필요하다. 이를 통해 영업양수도 후에도 사업이 원활히 지속될 수 있도록 보장해야 한다.

8. 양도 절차 및 일정

영업양수도 계약서에는 양도 절차와 일정을 구체적으로 명시해야 한다. 양도 계약이 체결된 후 자산이 언제 양도될 것인지, 자산 인수 및 부채 승계 절차는 어떻게 진행될 것인지, 대금 지급 일정은 어떻게 설정되는지를 명확하게 규정해야 한다. 이러한 일정이 명확하지 않을 경우, 계약 이행 과정에서 혼란이 발생할 수 있으므로 이를 방지하기 위해 계약 이행 절차와 세부 일정을 구체적으로 정리해야 한다.

9. 진술 및 보장

영업양수도 계약서에는 진술 및 보장 조항이 포함되어야 한다. 이는 양도자가 양도되는 자산에 대해 소유권과 권리 하자를 보증하고, 매수자가 자산을 인수할 의사와 능력이 있음을 진술하는 항목이다. 예를 들어, 매도자는 자산에 대한 법적 하자가 없고, 모든 자산이 소유권에 문제가 없음을 보증해야 하며, 매수자는 양수 자산을 인수할 능력과 자격을 갖췄음을 진술해야 한다. 이 조항을 통해 자산 양수 후 발생할 수 있는 법적 분쟁을 예방할 수 있다.

10. 위약 및 손해배상

영업양수도 계약에서 위약 및 손해배상 조항은 계약 불이행 시 발생할 수 있는 문제를 다루는 중요한 항목이다. 매도자 또는 매수자가 계약을 이행하지 않거나 의무를 다하지 않았을 때 위약금이 발생할 수 있으며, 그 금액과 조건을 명시해야 한다. 또한, 계약 불이행으로 인해 발생한 손해에 대해 어떻게 배상할 것인지, 손해배상 절차는 어떻게 이루어질 것인지 구체적으로 규정해야 한다. 이를 통해 계약 불이행으로 인한 분쟁을 사전에 방지할 수 있다.

11. 기타 사항

계약서에는 상황에 따라 추가적으로 필요한 기타 사항을 포함할 수 있다. 예를 들어, 영업양수도 후 발생할 수 있는 세금 문제를 어떻게 처리할 것인지, 보험 문제나 영업양수도 이후 사업 운영에서 발생할 수 있는 예외적인 상황에 대한 대응 방안 등을 포함할 수 있다. 이러한 기타 사항은 당사자 간의 합의에 따라 추가되며, 계약의 완성도를 높이고, 예상치 못한 상황에 대한 대비책을 마련하는 데 기여할 수 있다.

이러한 항목들을 계약서에 포함함으로써 영업양수도 계약이 법적, 세무적, 경영상의 문제를 모두 포괄하게 되며, 거래 당사자 간의 분쟁을 예방하고 계약의 원활한 이행을 보장할 수 있다.

M&A와
투자유치 전문가를 위한
M&A 사용설명서

Epilogue

M&A는 매수자와 매도자 모두에게 이익이어야 한다

이 책은 단순히 이론적 지식을 나열하는 데 그치지 않고, 실질적인 M&A 과정에서 바로 적용할 수 있는 정보를 제공하기 위해 철저하게 기획되었다.

M&A는 그 자체로 복잡하고 다각적인 요소가 얽힌 분야이기에, 다양한 전문가의 통찰과 전문적인 분석이 필수적이었다. 이에 따라 이 책을 집필하는 데 있어 오랜 경험을 지닌 M&A 전문 변호사, 회계사, 감정평가사, 그리고 경제 전문가들이 함께 참여하여 각자의 시각에서 깊이 있는 리서치를 진행하고 다각도로 분석을 수행하였다.

변호사는 법률적 측면에서 거래 구조의 법적 안정성과 리스크 관리 방안을 제시하고, 회계사는 재무 구조 분석 및 실질적인 자산 평가의 방법론을 체계적으로 다루는 업무를 주로 수행하므로 그 부분은 전문가들이 보완을 하였다. 또한, 감정평가사는 기업 가치를 공정하게 평가하고, 이를 바탕으로 매수자와 매도자 양측이 합리적인 판단을 내릴 수 있도록 도움을 주는 관점에서 이 책 집필과정에서 평가사의 시각에서 내용을 보완하였다. 또한, 이 책을 작업함에 있어 참여한 경제 전문가는 거시 경제와 산업 환경을 고려한 전략적 판단과 시장 동향을 반영하여, M&A를 둘러싼 환경을 명확히 이해할 수 있도록 했다.

각자의 관점에서 바라본 M&A는 서로 다른 각도에서 실무적인 통찰을 제공하며, 이를 통해 독자가 놓치기 쉬운 복잡한 요인들을 보다 체계적으로 파악할 수 있도록 설계되었다.

이 책은 M&A를 준비하는 독자들이 진정으로 "피와 살이 되는" 정보를 얻을 수 있도록, 구체적이고 실무적인 사례와 함께 명확한 지침을 담았다.

각 단계마다 세심하게 고려해야 할 부분들, 예측하지 못한 변수에 대비하는 방법, 그리고 성공적인 M&A를 위한 최적의 전략과 실수 없이 결론에 도달하는 프로세스가 상세히 설명되어 있다. 본서는 매수자와 매도자 모두가 각자의 목적을 달성하면서도 상호 이익을 극대화하는 길을 찾는 데 있어 중요한 지침서가 될 것이다.

이 책을 통해 독자들은 M&A라는 복잡한 과정 속에서 올바른 결정을 내릴 수 있는 역량을 갖추게 될 것이다. 독자들의 성공적인 M&A를 위한 길잡이가 되어, 매수자에게는 성장의 기회를, 매도자에게는 공정한 가치를 인정받는 결과를 제공할 수 있기를 진심으로 바란다.

WMD 일동

M&A와 투자유치 전문가를 위한
M&A 사용설명서

지 은 이	더블유엠디㈜
펴 낸 곳	더블유엠디㈜
등록번호	제2024-311호
주　　소	서울특별시 강남구 테헤란로 37길 7, 11층 (역삼동, 조이타워)
전　　화	02.6956.3876
팩　　스	02.3453.3877
이 메 일	admin@wemakedeal.co.kr
홈페이지	https://wemakedeal.co.kr/
가　　격	20,000원
I S B N	979-11-990095-0-9 (03320)